Von Edelsteinen und Perlen

mit Planetensteinen, Monatssteinen, Tierkreissteinen

von

PROF. DR. HERMANN BANK

PINGUIN-VERLAG, INNSBRUCK

Wir danken Herrn Karl Hartmann, Sobernheim, für die Herstellung der Farbaufnahmen.

Für die uns zur Abbildung überlassenen Edelsteine sind wir insbesondere verpflichtet dem Autor Herrn Prof. Dr. Hermann Bank, Idar-Oberstein, sowie den Herren

F. A. Becker	Julius Petsch jr.
Albert Bernhard	A. Ruppenthal
Hein Gärtner	Prof. Dr. Schloßmacher
Karl Hartmann	Dieter Stark
Fritz Klein	Günther Weinz
Klein-Brusius	Konrad Wild

Das Bild der vorderen Umschlagseite zeigt einen Amethyst mit Achatkern. Das Bild der rückwärtigen Umschlagseite zeigt eine Perlenkette mit Opalverschluß.

10. Auflage 1990

Gesamtherstellung: Verlagsanstalt Tyrolia, Innsbruck
Printed in Austria
ISBN 3-7016-2341-4

Inhaltsverzeichnis

Register aller im Buch genannten Edelsteine, Korallen und Perlen.
Die fettgedruckten Zahlen bezeichnen die Seitenzahl der farbigen Abbildungen, die anderen Ziffern die Seitenzahl des Textes.

Zum Geleit!

„Von Edelsteinen und Perlen" künden Märchen und Sagen, berichten die Schriftsteller zu allen Zeiten. Immer wieder faszinierten Edelsteine und Perlen den Menschen, und er bediente sich ihrer zu den verschiedensten Zwecken. Sie sind Sinnbilder für Wohlstand und Reichtum und geben Anlaß für Neid und Mißgunst; ja sie haben schon Kriege verursacht.

Obwohl sie häufig in wunderschönen natürlichen Kristallformen auftreten, liebt es der Mensch, sie nach seinen Vorstellungen zu gestalten.

Dieses kleine Büchlein, das keinesfalls alle Edelsteine und Perlen beschreiben will, möchte lediglich versuchen, an Hand von Abbildungen einen Eindruck von der Schönheit dieser wertvollen Geschenke der Natur zu vermitteln. Ein kurzer begleitender Text soll Eigenschaften, Möglichkeiten der Bearbeitung, Schliffarten und -formen sowie die Systematik beinhalten.

Edelsteine

Definition

Die meisten Edelsteine sind Minerale, d. h. chemisch-physikalisch einheitliche, natürliche, strukturell genau definierte Bestandteile der festen Erdkruste. Insgesamt gibt es etwa 2000 bis 2500 verschiedene Mineralarten, von denen aber insgesamt nur ca. 70 bis 75 jemals als Edelsteine verwendet wurden.

Die Vorsilbe „edel" bedeutet eine Heraushebung aus der Masse, wie dies auch bei Edelmetallen oder Edelleuten der Fall ist. Was ist das Besondere, das die Edelsteine vor den übrigen „Steinen" auszeichnet?

Bevor diese Frage beantwortet werden wird, sollte man sich über den Begriff „Stein" Klarheit verschaffen. Von alters her ist dieser gebräuchlich, und noch heute bezeichnet der Laie damit alles, was an festem Material am Aufbau der Erdkruste beteiligt ist. Die Disziplinen der Naturwissenschaften, die sich mit diesen „Steinen" beschäftigen, die Mineralogie und die Petrologie, kennen diesen Begriff als solchen nicht, sondern sprechen von Mineralen und Gesteinen. Man müßte dementsprechend also eigentlich von Edelmineralen und Edelgesteinen sprechen. Aber die Bezeichnung „Edelstein" ist so in den allgemeinen Sprachgebrauch eingegangen, daß man sie nicht aufgeben, sondern sich nur darüber im klaren sein sollte, was man darunter versteht.

Es sind bestimmte Kombinationen von Eigenschaften oder Merkmalen, die die Edelsteine aus der Masse der übrigen Minerale und Gesteine herausheben:

Farbe oder Farblosigkeit, Lichtbrechung und Dispersion, Glanz, Brillanz und andere Lichterscheinungen, wie Asterismus (Sternbildung) und Chatoyieren (Katzenaugeneffekt), Härte, Reinheit, Freiheit von Einschlüssen. Mit am wichtigsten jedoch ist die Seltenheit.

Eigenschaften oder Merkmale der Edelsteine

I. **Chemische Merkmale**

Die Systematik der Minerale und damit der meisten Edelsteine wird auf kristallchemischer Grundlage durchgeführt, woraus die überaus große Bedeutung der chemischen Zusammensetzung hervorgeht. Ebenso ist die Kenntnis des Chemismus für das Verständnis vieler anderer Eigenschaften notwendig.

II. **Strukturelle Merkmale**

Von wenigen Ausnahmen abgesehen, liegen die Edelsteinminerale im kristallinen Zustand vor, d. h. sie besitzen eine gesetzmäßige Ordnung, sie bilden sogenannte Raumgitter (s. Abb.) in Form von drei-

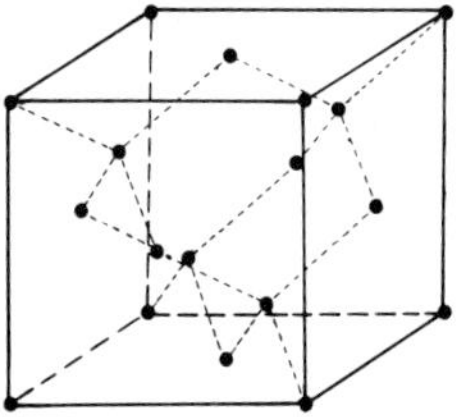

dimensional-periodischer Anordnung der atomaren chemischen Bausteine. Die Verteilung dieser atomaren Bausteine ist je nach der Richtung verschieden, so daß auch viele der übrigen Eigenschaften richtungsabhängig sind (z. B. Härteungleichheit in verschiedenen Richtungen, optische Ungleichheit).

III. **Kristallographische Merkmale**

Im Raumgitter ist eine gewisse Symmetrie zu erkennen, die sich auch teilweise äußerlich ausdrückt und zur Ausbildung bestimmter Kristallformen führt. Als Symmetrieelemente kommen in Frage: Drehachsen, Spiegelebenen und ein Symmetriezentrum.

In verschiedenen geometrisch exakt bestimmbaren Kombinationen liefern diese Symmetrieelemente 32 Kristallklassen. Jeweils einige der Kristallklassen kann man zu sieben Kristallsystemen (sieben Typen von Achsenkreuzen) zusammenfassen:

kubisches Kristallsystem mit drei gleichen, senkrecht aufeinander stehenden Achsen a_1, a_2 und a_3,

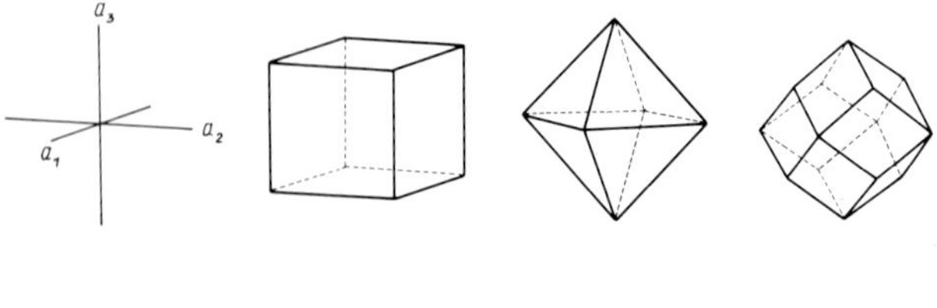

tetragonales Kristallsystem, zwei gleichwertige, senkrecht zueinander stehende Achsen a_1 und a_2, darauf senkrecht eine vierzählige Hauptachse (c-Achse),

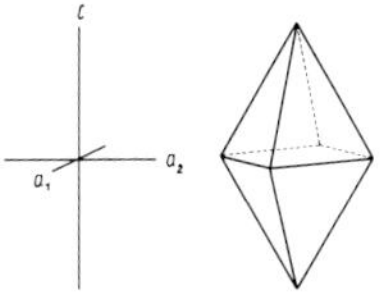

hexagonales Kristallsystem mit drei in einer Ebene liegenden gleichen Achsen a_1, a_2 und a_3, die sich unter Winkeln von 120° schneiden. Darauf senkrecht steht die Hauptachse (c-Achse), die sechszählig ist,

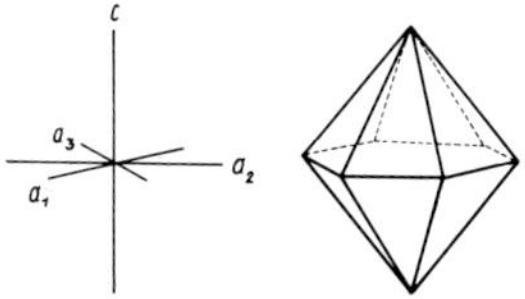

trigonales Kristallsystem mit dem gleichen Achsenkreuz, nur daß hier die Hauptachse (c-Achse) dreizählig ist,

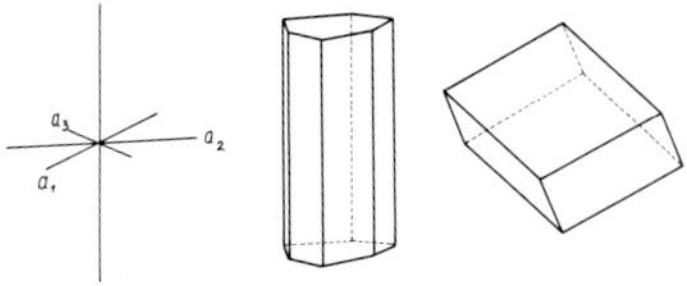

orthorhombisches Kristallsystem, mit drei ungleichwertigen Achsen a, b und c, die aufeinander senkrecht stehen,

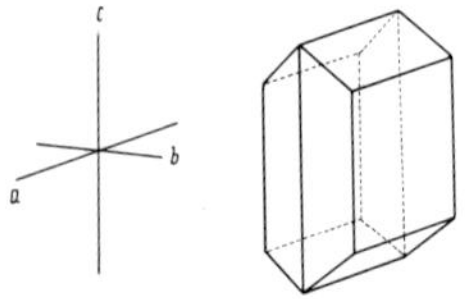

monoklines Kristallsystem, drei ungleichwertige Achsen a, b und c. a und c schneiden sich unter einem schiefen Winkel, b steht senkrecht auf a und c,

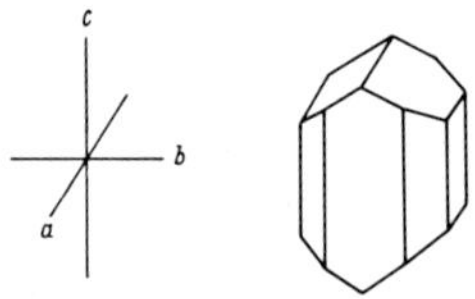

triklines Kristallsystem, drei ungleiche Achsen a, b und c, alle Achsen stehen schief zueinander.

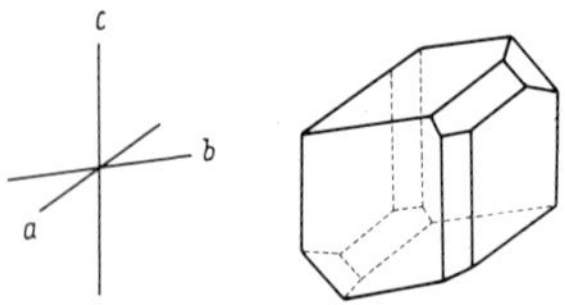

Wichtige Formen sind:

Würfel, Oktaeder, Rhombendodekaeder, Tetraeder, Prisma, Bipyramide, Pyramide, Pinakoid, Pedion, Rhomboeder, Trapezoeder, Doma, Sphenoid usw.

IV. Physikalische Merkmale

Hierbei unterscheidet man:

a) mechanische, b) optische Merkmale.

a) Zu den **mechanischen** gehören:
1. Härte,
2. Spaltbarkeit oder Bruch,
3. Dichte.

1. **Härte.** Es gibt verschiedene Arten von Härte (Ritz-, Druck-, Schleifhärte usw.). In der Edelsteinkunde verwendet man definitionsgemäß die *Ritzhärte* nach *Mohs.* Darunter versteht man den Widerstand, den ein Mineral dem Geritztwerden entgegensetzt. Mohs stellte eine Härteskala mit zehn Graden auf

(Talk, Gips, Kalkspat, Flußspat, Apatit, Feldspat, Quarz, Topas, Korund und Diamant),

wobei jeweils das Testmineral mit dem höheren Grad das mit dem niedrigeren ritzt.

Härte ist natürlich eine Eigenschaft, die für Edelsteine wichtig ist. Es sollte nämlich schon eine gewisse Mindesthärte vorhanden sein, damit der Edelstein beim Tragen nicht zu stark abgenützt wird.

Die Härte kann je nach Richtung verschieden sein (Härteanisotropie), was für die Bearbeitung von Bedeutung ist.

2. **Spaltbarkeit** oder **Bruch.** Auf Schlagbeanspruchung reagieren Minerale in verschiedener Weise. Manche zeigen eine leichte Teilbarkeit in parallelen Ebenen, ein Phänomen, das man als Spaltbarkeit

bezeichnet. Andere reagieren durch Bruch (z. B. muschelig beim Quarz). Die Spaltbarkeit kann in einer oder in mehreren Richtungen auftreten, sie kann vollkommen und sie kann unvollkommen sein. Bei der Bearbeitung ist die jeweilige Spaltbarkeit sehr zu beachten. Sie kann zum Vorteil gereichen (z. B. Zerteilen von Diamanten), sie kann aber auch sehr von Nachteil sein, indem beim Schleifen manche Mineralarten laufend spalten (z. B. Spodumen, Euklas).

3. Die **Dichte** oder das Spezifische Gewicht ist besonders für die Diagnostik von Interesse. Da die meisten Edelsteine nach Gewicht bewertet und gehandelt werden, ist es für die Größe auch wichtig, ob ein Stein spezifisch schwerer ist als der andere.

So ist z. B. ein Diamantbrillant von ein Karat 6,4 Millimeter rund, ein farbloser Topas ist ebenfalls 6,4 Millimeter rund, da er das gleiche Spezifische Gewicht (3,52) besitzt. Ein farbloser Beryll ist größer, da er spezifisch leichter ist, und ein farbloser Zirkon ist kleiner, da er spezifisch schwerer ist.

b) Zu den **physikalisch-optischen** Eigenschaften gehören:

1. Farbe und Farbveränderung,
2. Absorption und Pleochroismus,
3. Lichtbrechung, Doppelbrechung, Dispersion,
4. Durchsichtigkeit und Einschlüsse,
5. Besondere Lichterscheinungen.

Für die Beurteilung der Edelsteine ist

1. die **Farbe** sehr wichtig, und zwar Farbton und Farbintensität. Die Farbe ist abhängig von der Absorption (lat. absorbere = verschlingen), der Schwächung des Lichts beim Durchgang durch einen Kristall. Ist die Absorption in etwa für alle (Licht-) Wellenlängen gleich, so erscheint der Kristall farb-

los. Ist die Absorption nicht gleich für alle Wellenlängen, so ist der Kristall farbig.

Dabei unterscheidet man idiochromatische (idios = eigen, chromos = farbig) Färbung (Eigenfarbe), die durch die chemische Zusammensetzung bedingt wird (z. B. durch Kupfer beim Türkis).

Die Farbe kann aber auch allochromatisch (allos = fremd, chromos = farbig) sein (fremdgefärbt), durch eine Fremdbeimengung oder andere Ursachen (Gitterfehlstellen usw.) hervorgerufen. Eigentlich sind die fremdgefärbten Minerale ohne Fremdbeimengung farblos. Da die Beimengungen aber sehr vielseitig sein können, treten bei den allochromatischen Edelsteinen die verschiedensten Farben auf (Korunde, Spinelle, Berylle, Turmaline, Zirkone usw.).

Die farblich verschiedenen Ausbildungen einer und derselben Mineralart bezeichnet man als *Varietäten.* Korund hat z. B. die Varietäten Rubin (durch Chrom rot gefärbt), Saphir (durch Eisen und Titan blau gefärbt) usw. Beryll hat die Varietäten Goshenit (farblos), Smaragd (durch Chrom grün gefärbt), Aquamarin (durch Eisen blau gefärbt), Morganit (durch Lithium rosa gefärbt) usw.

Für die Bewertung spielt der Farbton eine Rolle, daneben aber auch die Farbintensität.

Farbveränderungen können auf verschiedene Art und Weise durchgeführt werden, z. B. durch Erhitzen, durch Bestrahlen und auch durch Zufuhr von Färbemitteln.

Die Farbveränderungen können reversibel oder irreversibel sein, d. h. sie können für kurze Zeit oder für die Dauer sein. Durch Erhitzen werden in der Regel nur sehr schwer oder gar nicht nachweisbare irreversible Farbveränderungen erzielt.

Farbveränderungen durch Zufuhr von Färbemitteln erfolgen nur bei nicht durchsichtigen Steinen und sind Manipulationen, die angegeben werden müssen.

Farbveränderungen durch Bestrahlen erfolgen u. a. mit Radiumstrahlen.

2. Bei farbigen, nicht kubischen Kristallen wird der **Pleochroismus** (Mehrfarbigkeit) ebenfalls durch Absorption bedingt. In Abhängigkeit von der Richtung erfolgt verschiedene Absorption, so daß entsprechend verschiedene Farben resultieren. Bei den höher symmetrischen Kristallsystemen, dem tetragonalen, hexagonalen und trigonalen, ist diese Verschiedenheit der Farbe auf zwei Richtungen beschränkt, man spricht von Dichroismus (Zweifarbigkeit), der besonders schön bei Turmalin, Beryll, Korund usw. zu beobachten ist.

Bei den geringer symmetrischen Kristallen ist die Farbe in drei Richtungen verschieden (Trichroismus), z. B. bei Cordierit, Chrysoberyll, Zoisit, Spodumen usw.

3. Die **Lichtbrechung** spielt vor allem für die Diagnostik, aber auch für die Wirkung eine Rolle. Beim Übergang eines Lichtstrahls von einem optischen Medium (z. B. Luft) in ein anderes (z. B. ein Edelstein) wird dieser (außer bei senkrechtem Auftreffen) aus seiner Richtung abgelenkt. Die Größe der Ablenkung ist abhängig von der Lichtgeschwindigkeit und der Wellenlänge.

Die Abhängigkeit von der Wellenlänge (mit den daraus resultierenden verschiedenen Brechungsindizes) bezeichnet man als **Dispersion,** als Farbzerstreuung, vom Laien oft auch Feuer des Edelsteins genannt.

4. **Durchsichtigkeit** und **Reinheit** (Freiheit von Einschlüssen) sind im allgemeinen Merkmale, die bei Edelsteinen hoch geschätzt werden. Beim Dia-

manten ist der Begriff lupenrein allgemein bekannt, er bedeutet, daß man mit einer zehnfachen aplanatischen und achromatischen Lupe keine Einschlüsse feststellen kann.

5. Gelegentlich sind aber bestimmte Einschlüsse sehr beliebt, dann nämlich, wenn sie besondere **Lichtwirkungen** hervorrufen. Unter *Adularisieren* versteht man den blauen Schimmer beim Mondstein, unter *Labradorisieren* die Spektralfarben beim Labrador, der deshalb auch häufig als Spektrolith bezeichnet wird. Beide Erscheinungen werden durch fein verteilte orientierte Fremdeinschlüsse verursacht.

Das *Opalisieren* des Opals wird durch Beugung des Lichts an kugelartigen Strukturen bedingt.

Das *Chatoyieren* (der Katzenaugeneffekt) ist eine helle, sich bewegende Lichtlinie, die entweder durch gerichtete Hohlkanäle, orientiert eingelagerte Einschlüsse oder durch faserige Textur (Tigerauge) bedingt wird (am bekanntesten beim Chrysoberyll).

Der *Asterismus* (die Sternbildung) ist ein mehrstrahliger Stern, der durch orientierte Einlagerung von Hohlkanälen oder Fremdeinschlüssen hervorgerufen wird. Er ist am bekanntesten bei Korund (Rubin und Saphir).

Als *Changieren* bezeichnet man den Farbwechsel zwischen Tageslicht und Kunstlicht, am deutlichsten bei der Varietät Alexandrit des Chrysoberyll, der, bedingt durch Lichtabsorption, bei Tageslicht grün und bei Kunstlicht rot erscheint.

Neben diesen meist konkret erfaßbaren Merkmalen spielt aber gerade bei den Edelsteinen eine andere Eigenschaft eine Rolle, die sich bei plötzlichen großen Funden schlagartig ändern kann, die *Seltenheit,* die für die Bewertung der meisten Edelsteine von ausschlaggebender Bedeutung ist.

Die Verwendung von Edelsteinen

ist sehr vielseitig. Am häufigsten wurden und werden sie sicher zum Schmücken verwendet, weshalb man sie auch schon frühzeitig Schmucksteine genannt hat.

Bei den Hebräern wurde das Gemmenschildchen am Rock des Hohenpriesters mit Edelsteinen besetzt, deren Art und Reihenfolge in der Bibel festgehalten sind. Diese kultisch-religiöse Verwendung wurde später von anderen Religionen übernommen, z. B. auch von der christlichen, für Kreuze, Brevierbücher, Reliquiare, Monstranzen, Kelche, für die Ringe des Papstes und der Bischöfe.

In Griechenland (Homer) und in Rom (Plinius) schmückten sich die Frauen mit Edelsteinen, und in Rom wurden auch Waffen und Trinkgefäße damit besetzt.

Angeblich hat erstmals Kaiser Konstantin der Große die kaiserliche Krone mit Edelsteinen und Perlen verzieren lassen, was dann Brauch wurde.

Wie aus Märchen und geschichtlicher Überlieferung hervorgeht, waren häufig die kostbarsten Edelsteine und Perlen der Nationen in den Kronen und im Kronschatz der Königshäuser enthalten. So kann man von einer dynastischen Verwendung bei den Kronjuwelen sprechen.

Auch die Mystik bediente sich der Edelsteine in Talismanen und Amuletten, nicht minder die Medizin in der Lithotherapie. Man kennt die Monats-, Sternbild-, Planeten-, Apostel- und Gesundheitssteine. Man dichtete den Edelsteinen Heil- und Wunderkräfte an. Man stellte sie für die einzelnen Buchstaben des Alphabets für Liebesringe oder anderen Schmuck zusammen.

Nicht zuletzt bedient sich auch die moderne Technik gewisser Edelsteine:

Diamant, geschliffen

Chrysoberyll, roh und geschliffen →

Diamanten für Bohrkronen, Ziehsteine, Tonabnehmer;

Korunde für Uhrensteine, Tonabnehmer, Laserstrahlen;

Achate für Waagensteine, zahnärztliche Instrumente, Mörser für die chemische Industrie;

Quarze für Ultraschallgeräte usw.

Aber in der Vergangenheit und Gegenwart und sicher auch in der Zukunft werden die meisten Edelsteine zum Schmuck und zur Zierde der Frauen verwendet.

Entstehung und Vorkommen der Edelsteine

Bei der *Entstehung* von Mineralen und Gesteinen unterscheidet man drei große Bildungszyklen:

I. den magmatischen,
II. den sedimentären und
III. den metamorphen.

I. **Magmatisch** (griechisch magma = knetbare Masse) bedeutet, daß sich die Minerale aus der heißen, zähflüssigen Schmelze des Erdinneren gebildet haben, und zwar die Edelsteine vorwiegend in den Anreicherungsphasen, z. B. der pegmatitisch-pneumatolytischen Phase (zw. 700 und 400° C), Beryll, Topas, Turmalin, Euklas. In der hydrothermalen Phase (400 bis 100° C) bilden sich viele Quarze. Im Zusammenhang mit den bei den magmatischen Vorgängen stattfindenen Kontaktmetamorphosen entstehen Korunde (Rubin und Saphir), von den Beryllen die Varietät Smaragd, Spinelle usw. In Drusenräumen vulkanischer Gesteine bilden sich Achate und Amethyste.

II. In der **sedimentären** Abfolge entstehen Edelsteinminerale im allgemeinen nur im Zusammenhang mit Verwitterungsvorgängen, z. B. Türkis, Malachit, Azurit, Chrysopras.

III. In der **metamorphen** Abfolge finden unter Änderung der Temperatur- und Druckbedingungen auch Änderungen im Gefüge der Gesteine und im Mineralbestand statt mit Mineralneubildungen, wobei z. B. die meisten Granate entstehen.

Die *Vorkommen* kann man analog nach der Art der Entstehung einteilen, aber auch nach der Art des Auftretens. Wenn die Minerale an der Stelle auftreten, an der sie entstanden sind, spricht man von *primären* (lat. primus = der Erste) Vorkommen. Wenn die Edelsteine vom Ort ihrer Entstehung weg an einen zweiten Ort transportiert wurden, so nennt man die Vorkommen *sekundär* (lat. secundus = der Zweite).

Die meisten Edelsteine werden nicht auf ihren primären Vorkommen abgebaut, sondern auf sekundären, da die Konzentration in den primären im allgemeinen zu gering ist, während auf sekundären Vorkommen eine viel größere Anreicherung stattgefunden hat. Im Verlaufe von Verwitterung und Transport werden die weniger resistenten Mineralien zersetzt und ständig zerkleinert, während dies bei den resistenteren (zu denen die meisten Edelsteine gehören) nicht so stark der Fall ist. Die wirtschaftlich nutzbaren Vorkommen bezeichnet man als Lagerstätten.

Bearbeitung der Edelsteine

Abgesehen von wenigen Ausnahmen werden die Edelsteine nicht in ihrer oft sehr schönen natürlichen Kristallform verwendet. Der Mensch liebt es,

Opal →

seine eigenen Formen durch die Bearbeitung zu schaffen.

In den ältesten Zeiten wurden die „Steine" lediglich abgerieben, ihre Oberfläche geglättet und poliert. Heute noch wird dieses Verfahren in verschiedenen Ursprungsländern praktiziert und ist in den letzten zehn Jahren auch bei uns wieder einmal Mode geworden. Da der natürliche Glanz, das natürliche Reflexionsvermögen, sogar beim Diamanten nur etwa 17 Prozent beträgt, ist es notwendig, durch die Bearbeitung eine Erhöhung dieser Außenreflexion mit Hilfe der Innenreflexion, der sogenannten Brillanz, herbeizuführen.

Im Laufe der Jahrhunderte wurde die Bearbeitungstechnik vervollkommnet, und man unterscheidet heute folgende Methoden:

1. Die **Diamantschleiferei** bearbeitet nur Diamanten und ist nur dadurch möglich, daß Diamant Härteanisotropie besitzt, d. h. in Abhängigkeit von der Richtung verschieden hart ist. Früher hat man sich eine weitere Eigenschaft zunutze gemacht, die Spaltbarkeit. Noch 1905 beim Fund des Cullinan, des unseres Wissens größten bis heute gefundenen Diamantrohsteins, hat man sich zur Bearbeitung des Spaltens bedient.

Heute hat man folgende Arbeitsgänge: Sägen, Reiben, Schleifen, Polieren.

2. Die weniger harten durchsichtigen Edelsteine werden in der **Farbsteinschleiferei** oder **Lapidärie** bearbeitet. Dabei muß man auf die verschiedene Härte achten, die Spaltbarkeit, den Pleochroismus und die Einschlüsse. Der Pleochroismus ist wichtig, um das Optimum (nicht immer das Maximum) an Farbe zu erzielen. Auch starke Doppelbrechung muß berücksichtigt werden (z. B. beim Zirkon).

Als Arbeitsgänge unterscheidet man: Sägen, Vorschleifen oder Ebauchieren (vom franz. ebaucher =

Form geben), d. h. in diesem Arbeitsgang erhalten die Stücke Form und ungefähre Größe, Aufkitten, Schleifen und Polieren einer Seite, Umkitten und Schleifen und Polieren der anderen Seite. Als Schleifmittel dienen Carborundum und Diamant, als Poliermittel Tripel (Diatomeenerde), Aluminiumoxid und Chromoxid sowie ebenfalls Diamant feinster Körnung.

3. Die **Achatschleiferei** (früher auch Großsteinschleiferei genannt) befaßt sich mit den nicht durchsichtigen und den weicheren Edelsteinen.

Als Arbeitsgänge kennt man: Sägen, Schleifen und Polieren.

Das Schleifen erfolgt mit großen Sandsteinrädern (wegen der Härte 7 des Quarzsandsteins können keine härteren Steine bearbeitet werden). Poliert wird auf Holz, Zinn, Filz oder Leder mit Schmirgel und Tripel sowie anderen Poliermitteln. Dabei werden vor allem kunstgewerbliche Gegenstände hergestellt, aber auch Ring-, Brosche- und Anhängersteine.

4. Manche geschliffene Steine, etwa Kugeln, müssen, um gefaßt werden zu können, zuerst gebohrt werden. So hat sich neben den genannten Schleifereitypen auch das **Bohren** der Edelsteine und Perlen als ein Berufszweig entwickelt. Früher wurde es in Handarbeit ausgeführt, heute meist mit Ultraschallgeräten.

5. Schon die Antike kannte eine andere Art der Bearbeitung, nämlich das Steinschneiden oder **Gravieren.** Hierbei wird entweder die gewünschte Form erhaben erhalten oder vertieft weggenommen (Intaglio). Der Graveur stellt neben Gemmen auch Wappen und Monogramme her sowie figürliche Arbeiten, Blätter, Blüten und Tiere aus den verschiedensten Edelsteinen.

Diamant

Rubin

Turmalin

Beryll

Amethyst

Citrin

Lapislazuli

Türkis

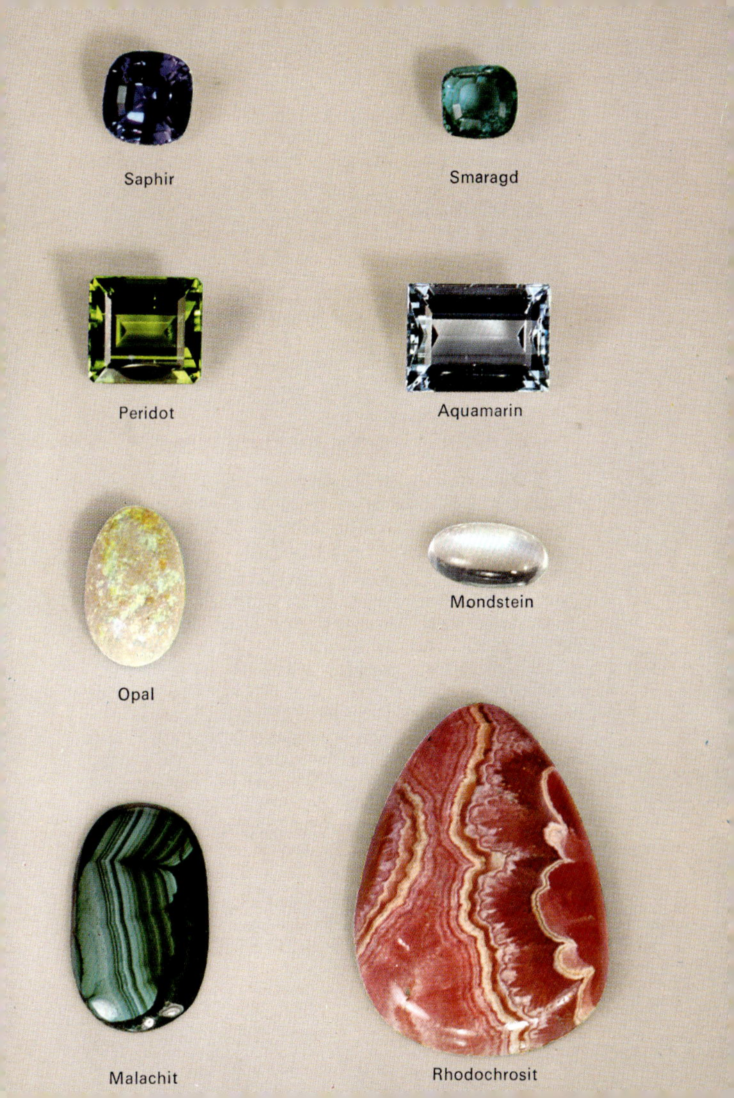
Saphir
Smaragd
Peridot
Aquamarin
Mondstein
Opal
Malachit
Rhodochrosit

6. Einen eigenen Berufszweig bildet die technische **Steinindustrie,** die sich grundsätzlich der bereits erwähnten Methoden bedient, die sie nur für ihre speziellen Zwecke präzisiert hat.

Bei den bearbeiteten Produkten kann man unterscheiden zwischen Schliffarten und -formen.

Schliffarten und Schlifformen

A) Bei den *Schliffarten* unterscheidet man:

I. Facettenschliff,
II. Glattschliff,
III. gemischter Schliff.

I. Als **Facettenschliff** bezeichnet man einen bei durchsichtigen Steinen verwendeten Schliff mit vielen ebenen Flächen (sogenannten Facetten vom französischen facette = Seitenfläche).

Die einfachste Art des Facettenschliffs ist a) der *Treppenschliff.* Bei einem geschliffenen Edelstein unterscheidet man Vorseite und Rückseite. Zwischen Vorseite und Rückseite ist der größte Umfang, die Rondiste. Auf der Vorseite ist im allgemeinen die größte Fläche, die Tafel. Früher hat man parallel zur Tafel ihr gegenüber auf der Rückseite eine weitere Fläche angeschliffen, die Kalette. Beim Treppenschliff werden auf Vor- und Rückseite eine Anzahl Facetten mit horizontal und parallel verlaufenden Kanten angelegt, die den Eindruck von Treppen vermitteln. Im allgemeinen ist auf der Rückseite die Zahl der Facetten größer als auf der Vorseite.

Eine Besonderheit des Treppenschliffs ist der *Scherenschliff,* bei dem über die Facetten der Vorseite oder des Oberteils die Schere gelegt wird.

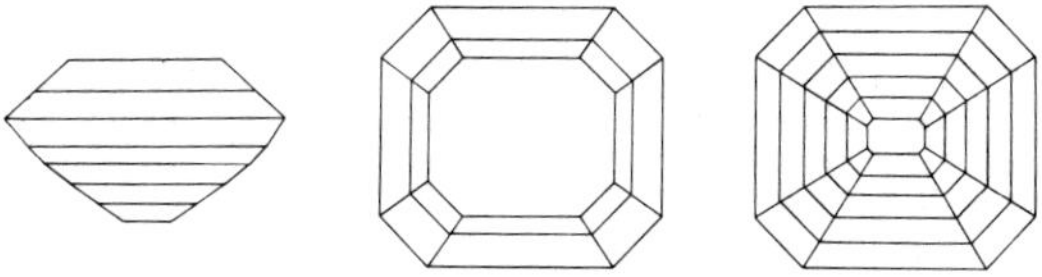

Treppenschliff

Ebenfalls eine Art Treppenschliff stellt der *Ceylonschliff* dar, bei dem eine Vielzahl von Facetten, aber alle mit horizontalen Kanten, angelegt wird, wie dies in Ceylon und Indien allgemein üblich ist, um möglichst viel Gewicht zu erhalten.

Treppenschliff mit achteckiger Form wird als *Smaragdschliff* bezeichnet.

Eine andere Art des Facettenschliffs ist der b) *Sternschliff.* Bei ihm werden die Facetten in einer

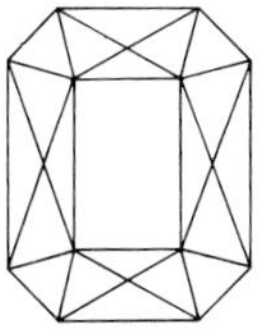

Scherenschliff

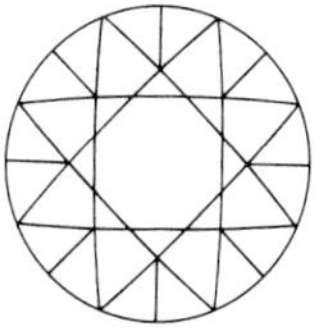

Sternschliff

Weise angelegt, daß es aussieht, als erscheine ein Stern. Dabei kann man die Zahl der Facetten beliebig variieren.

Als einen besonderen Sternschliff kann man den *Brillantschliff* auffassen. Dieser wurde speziell für den Diamanten entwickelt und genau berechnet, um ein Maximum an Brillanz zu erzeugen. Beim Brillantschliff des Diamanten sind

Amethyst, roh
Amethyst, geschliffen →

das Verhältnis der Gesamthöhe zum Tafeldurchmesser,

das Verhältnis des Tafeldurchmessers zum Rondistdurchmesser,

das Verhältnis der Oberteilhöhe und der Unterteilhöhe zur Gesamthöhe

genau festgelegt, ebenso die Neigungswinkel der einzelnen Facettenarten zur Rondistenebene.

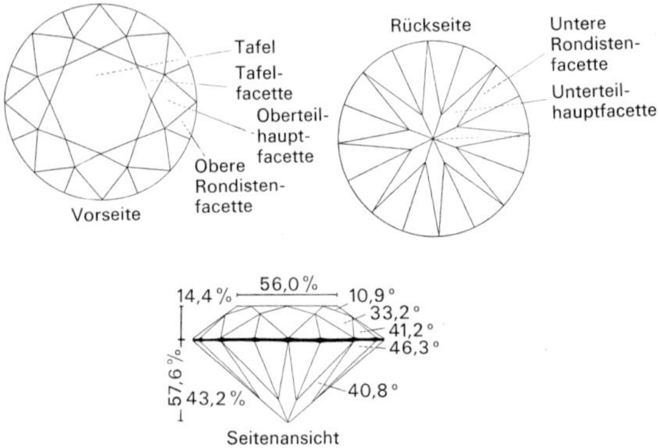

Die Prozente gelten im Vergleich zum Rondistendurchmesser die Grade geben die Neigung gegen die Rondistenebene an

Auf der Vorseite werden drei Reihen von Facetten mit jeweils einer bestimmten Anzahl angelegt:

1. die Tafelfacetten	8 Stück
2. die Oberteilhauptfacetten	8 Stück
3. die oberen Rondistenfacetten	16 Stück
plus Tafel	1 Stück
	33 Stück

Auf der Rückseite befinden sich der Rondiste benachbart

1. untere Rondistenfacetten	16 Stück	
2. Unterteilhauptfacetten	8 Stück	
insgesamt	24	24 Stück
Ober- und Unterteil zusammen		57 Facetten

Die Abbildung zeigt deutlich die Winkelverhältnisse und die einzelnen Typen von Facetten.

Die früher verwendeten Schliffverhältnisse hatten andere Proportionen und entsprechend auch kein Höchstmaß an Brillanz. Bei der Beurteilung eines solchen Diamanten wird der Schätzer jeweils auf den Altschliff hinweisen und den Wert daher geringer ansetzen.

Als Brillanten darf man nur solche Diamanten bezeichnen, die im Brillantschliff geschliffen sind; eigentlich müßte man sie Diamantbrillanten nennen, denn auch andere Edelsteinarten können im Brillantschliff geschliffen werden, müssen aber ihrer Mineralart entsprechend z. B. als Zirkon- oder Topasbrillanten bezeichnet werden. Der Begriff Brillant hat sich so generell für den Diamanten im Brillantschliff eingebürgert, daß jeder bei der Bezeichnung Brillant nur an den Diamantbrillant denkt. Für ihn ist aber nicht nur die Schliffart, sondern auch die Form charakteristisch, nämlich rund.

Von dem vorstehend beschriebenen als Vollbrillantschliff bezeichneten Idealschliff gibt es durch Weglassen (bei kleineren Steinen vor allem) oder durch Hinzufügen von Facetten oder Facettenreihen einige Abweichungen. Der facettenärmste Schliff ist der Achtkant, der auf Vor- und Rückseite nur je eine Facettenreihe besitzt. (Daher oft einfaches Gut genannt.)

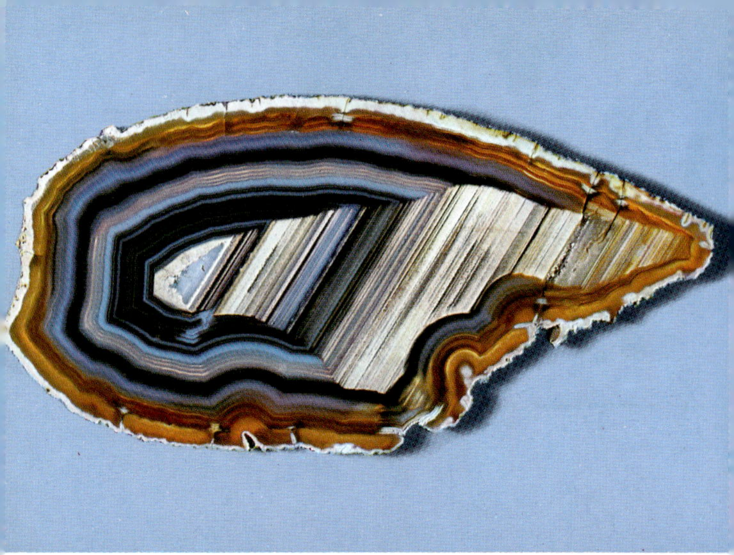

Achtkant

Als zweifaches Gut bezeichnet man solche Diamanten, die mit zwei Reihen Facetten auf Vor- und Rückseite versehen sind. Außer diesen vom Vollbrillanten, den man wegen seiner drei Reihen Facetten auch als dreifaches Gut ansprechen kann, abzuleitenden klassischen Schlifformen hat man noch eine ganze Reihe von Phantasieschliffen entwickelt.

Früher hat man sehr viel die *Rose* geschliffen, z. B. die volle holländische Rose.

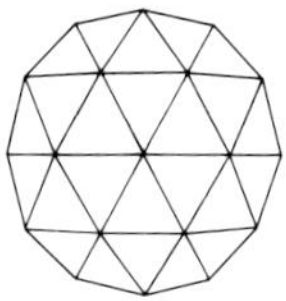

Volle holländische Rose

Als eine Besonderheit des Facettenschliffs, und zwar sowohl des Treppen- als auch des Sternschliffs, kann man den *Tafelschliff* bezeichnen. Bei ihm ist zugunsten einer Vergrößerung der Tafel das Oberteil auf ein Minimum reduziert. Die so geschliffenen Steine werden als Siegelsteine verwendet.

Aber auch bei den durchsichtigen Edelsteinen wendet man den

Achat

←

Achat mit Dendriteneinschlüssen

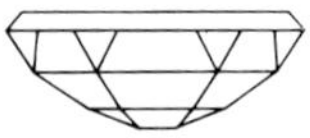

Tafelschliff

II. großen Schlifftyp gelegentlich an, den **Glattschliff,** dann nämlich, wenn sie starke Einschlüsse enthalten. Dabei wird der Stein gewölbt geschliffen, im allgemeinen ohne flache ebene Flächen. Man spricht auch von mugeligen Steinen.

Dieser Glattschliff wurde schon vor Jahrtausenden praktiziert und wird auch heute noch in vielen Ursprungsländern undurchsichtiger bzw. nur durchscheinender Edelsteine angewendet.

Vor allem werden die auf sekundärer Lagerstätte gewonnenen, im allgemeinen schon abgerundeten Steine etwas geschliffen und danach poliert. Zum Teil hat man auch in den heutigen Schleifzentren mit den sogenannten Barocksteinen bei einem Minimum an Gewichtsverlust einen ähnlichen Effekt zu erreichen versucht.

Der Glattschliff wird auch bei Herstellung von Schalen und Aschenbechern sowie anderen kunstgewerblichen Gegenständen, die ohne Facetten geschliffen werden, angewandt.

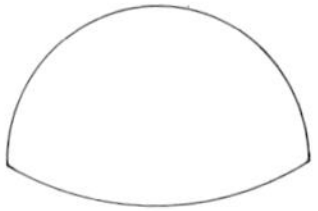

Cabochon

Ebenso gehören dazu die Cabochons. Der Name Cabochon ist vom franz. caboche = Nagelkopf abgeleitet, da diese Steine ähnlich aussehen, wie früher die geschmiedeten Nagelköpfe ausgesehen haben.

Für Silber- und Golddrahtverarbeitung werden z. T. die Steine mit Riefen versehen, z. T. werden sie, wie zuvor erwähnt, gebohrt.

Bei einem runden Cabochon spricht man von einer regelmäßigen Ausbildung, wenn seine Höhe in etwa dem Radius des Grundkreises entspricht. Ist sie größer, so spricht man von einem überhöhten, ist sie geringer von einem flachen Cabochon.

Zum Teil wird beim Glattschliff auch der *Hohlschliff* angewendet. Dabei handelt es sich um einen Cabochon mit einem normalen Oberteil, dessen Unterteil aber konkav (nach innen eingewölbt) geschliffen ist. Dies wird vor allem bei sehr dunklen Steinen, besonders bei Granaten und gelegentlich Saphiren, angewendet, wobei durch das Hohlschleifen eine relative Aufhellung erfolgt.

Neben dem I. Facettenschliff und dem II. Glattschliff kennt man

III. den **gemischten Schliff.** Um bestimmte Effekte zu erzielen, wird dabei entweder die Vorseite facettiert, Rückseite mugelig, oder Vorseite mugelig und Rückseite facettiert angelegt.

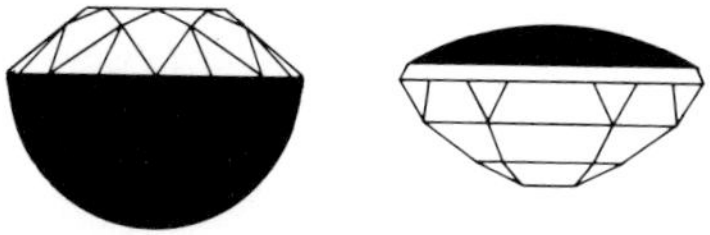

Gemischter Schliff

In einzelnen Fällen wird auch nur ein Teil der Vorseite, die Tafel, mugelig geschliffen, der Rest der Vor- und die Rückseite dagegen facettiert.

Neben den Schliffarten interessieren aber auch B) die *Formen des Schliffs*, die in der Regel in einer bestimmten Schliffart, ohne weiteres aber auch in verschiedenen Schliffarten angelegt sein können.

Die einfachsten Formen sind geometrisch exakt: rund (z. T. Kugel), oval, antik.

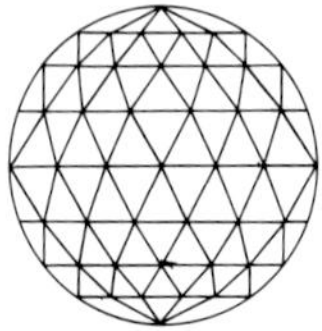

Kugel

Oval

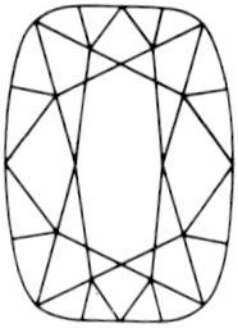

Antik

Viereckig unterscheidet man: carré (quadrat-viereckig), langcarré oder baguette oder rechteckig.

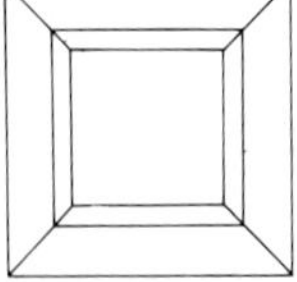

Carré

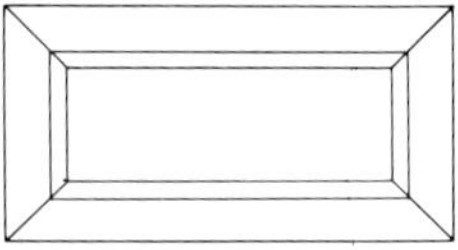

Baguette

Beide viereckigen Formen lassen sich durch Brechen der Ecken leicht in achteckige überführen:

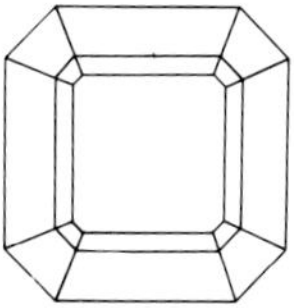
Quadrat-achteckig

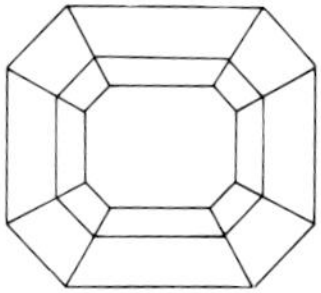
Achteckig

quadrat-achteckig, achteckig allgemein.

Daneben können wir Phantasieformen nennen: Birnkernform, Briolett (franz. briller = glänzen),

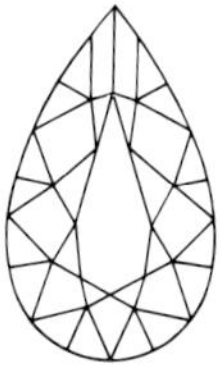
Birnkernform

Briolett

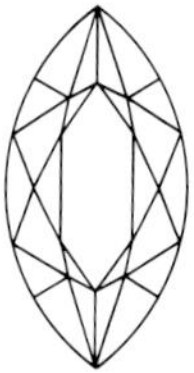
Navette

Navette (franz. navette = Weberschiffchen), Pam-

Pampel

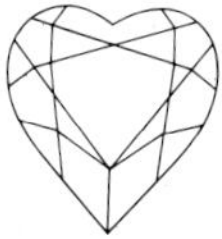
Herzform

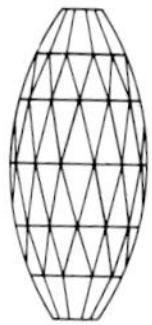
Olive

pel oder Tropfen, Herzform, Olive, Trapezform,

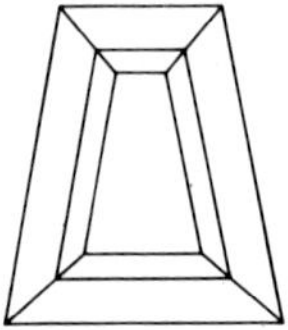

Trapezform

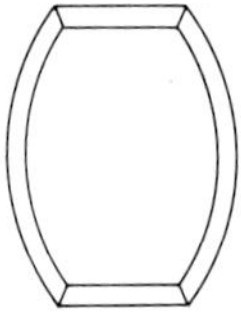

Faßform

Faßform, Sechseck, Triangel.

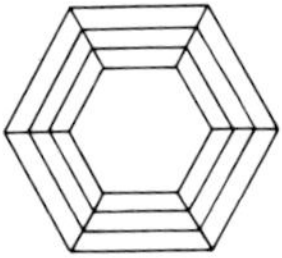

Sechseck

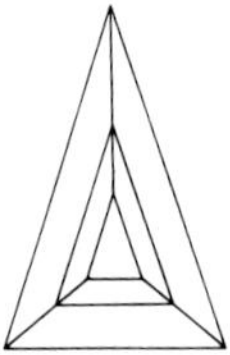

Triangel

Beim Glattschliff hat man daneben noch Kegel, Pyramiden und Prismen.

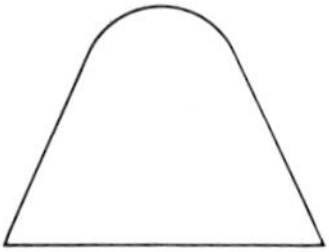

Kegel

Systematik

Zu den verschiedensten Zeiten hat man die Edelsteine in sehr verschiedener Art und Weise eingeteilt, z. B.

nach der **Durchsichtigkeit**

1. a) durchsichtige
   b) halbdurchsichtige

2. undurchsichtige

nach der **Farbe,**
nach der **Härte**

1. harte
2. halbharte
3. weiche

oder

nach der **Anwendung.**

Außerdem hat man sie eingeteilt in:

1. Edelsteine,
2. Halbedelsteine und
3. Schmucksteine.

Edelsteine waren durchsichtige Steine mit Härte über Grad 8 der Mohs-Skala, Halbedelsteine durchsichtige Steine unter Grad 8 und Schmucksteine nicht durchsichtige. Definition und Abgrenzung waren nicht eindeutig, auch ist die Bezeichnung Halbedelsteine etwas diskriminierend, weshalb die Edelsteinkunde heute alle zu Schmuckzwecken verwendbaren Minerale und Gesteine „Edelsteine" nennt. Man kann dann einteilen in:

A. **Edelsteine,** die Minerale sind, und

B. **Edelsteine,** die Nichtminerale sind.

Mehr als 90 Prozent der Edelsteine sind Minerale, und sie kann man dann ganz einfach nach der mineralogischen Systematik auf kristallchemischer Grundlage in einzelne Klassen unterteilen (der Einfachheit halber zunächst innerhalb der Klassen nur alphabetisch):

A. **Minerale**

I. **Elemente:**	*Diamant*
II. **Sulfide:**	Markasit, Pyrit, Sphalerit
III. **Halogenide:**	Fluorit
IV. **Oxide:**	Cassiterit, *Chrysoberyll*, Hämatit, *Korund*, *Opal*, *Quarz*, Rutil, *Spinell*, Taaffeit, Zinkit
V. a) **Carbonate:**	Aragonit, Azurit, Calcit, Cerussit, *Malachit*, Magnesit, *Rhodochrosit*, Siderit, Smithsonit
b) **Borate:**	Hambergit, Rhodizit, Sinhalit, Ulexit
VI. a) **Wolframate:**	Scheelit
b) **Sulfate:**	Baryt
VII. **Phosphate:**	Amblygonit, Apatit, Beryllonit, Brasilianit, Lazulith, *Türkis*, Variscit
VIII. **Silikate:**	Amphibol *(Rhodonit)*, Andalusit, Apophyllit, Axinit, Benitoit, *Beryll*, Chrysokoll, Cordierit, Cyanit, Danburit, Datolith,

Spinell, roh und geschliffen →

Dioptas,
Dumortierit, Ekanit,
Epidot, Euklas, *Feldspat,*
Granat, Hauyn,
Klinozoisit, Kornerupin,
Lapislazuli, Meer-
schaum, *Nephrit, Olivin,*
Phenakit, Prehnit,
Pyroxen *(Jadeit,* Diopsid,
Enstatit-Hypersthen,
Spodumen), Serpentin,
Sillimanit, Skapolith,
Sodalith, Staurolith,
Titanit, *Topas, Turmalin,*
Vesuvian, Willemit,
Zirkon, Zoisit

IX. **Organische Verbindungen:** *Bernstein*

B. **Nichtminerale:**

u. a. Obsidian,
Gagat,
Tektite (z. B. Moldawit),
verkieseltes Holz,
Korallen,
Perlen.

A. Minerale

I. Elemente:

Diamant, chemisch reiner Kohlenstoff, kristallisiert kubisch, meist in Form von Oktaedern und kommt primär in Kimberlitschloten und deren Zersetzungsprodukten, dem „blue ground“ und „yellow ground“, vor, besonders in der Südafrikanischen Union. Daneben sind Vorkommen bekannt u. a. in Indien, Brasilien, Kongo, Angola, Tanzania, Venezuela und seit einigen Jahren auch in der UdSSR (und zwar in Sibirien). Diamant ist am beliebtesten farblos, er tritt aber auch gelblich, bräunlich und in anderen Farbtönen auf. Seine große Härte (10), seine hohe Lichtbrechung und seine starke Dispersion haben ihn zum bedeutendsten Edelstein werden lassen.

II. **Sulfide** sind durch *Markasit, Pyrit* und *Sphalerit* vertreten,

III. **Halogenide** durch *Fluorit.*

IV. Bei den **Oxiden** ist *Cassiterit* als Edelstein wirtschaftlich ohne Bedeutung.

Wichtiger ist der *Chrysoberyll,* chemisch ein Beryllium-Aluminium-Oxid, das orthorhombisch kristallisiert und oft in Form von Viellingen auftritt. Meist ist das Mineral grünlich-gelblich-bräunlich, gelegentlich durch orientierte Einlagerung von Hohlkanälen durch den Effekt des Chatoyierens (Katzenaugeneffekt) ausgezeichnet, dann auch Cymophan (cyma = Woge, wegen des wogenden Lichtschimmers) genannt. Besonders geschätzt ist eine Varietät des Chrysoberyll, die bei Tageslicht grün und bei Kunstlicht rot erscheint (Effekt = Changieren), der Alexandrit. Dieser tritt primär meist kontaktmetamorph in Glimmerschiefer auf, so z. B. an der berühmtesten Lokalität an der Tokowaja im Ural in Rußland oder an den Novello Claims in Rhodesien. Weitere Vorkommen sind Ceylon und neuerdings auch Brasilien, wo sekundäre Vorkommen abgebaut werden, die auch eine Menge Katzenaugen und normale Chrysoberylle

liefern. Letztere sind aus Brasilien und Ceylon schon seit Jahrhunderten bekannt.

Neben Diamant ist die wichtigste Mineralspezies unter den Edelsteinen der *Korund,* ein Aluminiumoxid, das trigonal kristallisiert und abgesehen von Diamant die größte Härte (9) besitzt. Farblich tritt Korund als Rubin (rot), Saphir (generell blau, aber auch in Farbtönen rosa, lila, grün, gelb und farblos = Leukosaphir) und Padparadscha (orange) auf. Die Korunde sind vorwiegend kontaktmetamorpher Entstehung und sind primär in Marmoren, Kalken, Amphibolithen usw. enthalten. Die berühmtesten Rubinvorkommen sind in Burma, in der Nähe von Mogok, primär in Marmoren. Rubine stammen auch aus Siam, Ceylon, Indien und Tanzania.

Saphire kommen in besonders guter Qualität in Kaschmir (Indien) vor, daneben sind Vorkommen in Ceylon, Kambodscha, Siam, Australien und den USA bekannt geworden.

Opal ist chemisch wasserhaltiges Siliziumdioxid, das durch Beugung des Lichts an kugelartigen Strukturen den Lichteffekt des Opalisierens zeigt. Hauptvorkommen sind in Australien (früher Kleinasien und Ungarn), Brasilien und Mexiko.

Quarz ist eines der bekanntesten Minerale überhaupt, chemisch SiO_2, kristallisiert trigonal und kommt makrokristallin und mikrokristallin vor. Zu den makrokristallinen Varietäten gehören: Bergkristall, Amethyst, Citrin, Rauchquarz, Prasiolith u. a. Mikrokristallin kennt man: Chalcedon, Carneol, Chrysopras usw.

Bergkristall ist farblos und eigentlich der Prototyp des Kristalls. Wirtschaftlich bedeutende Vorkommen sind in Pegmatiten und hydrothermalen Gängen in Brasilien, Madagaskar usw.

Amethyste sind violett in verschiedenen Intensitäten und Nuancen. Sie kommen oft in Drusen in

← Aquamarin

vulkanischen Gesteinen vor, aber auch in Pegmatiten und in Gängen des Typs alpiner Zerrklüfte. Wichtigste Lieferanten sind Uruguay, Brasilien, Zambia, Südwestafrika und Madagaskar. Daneben sind Vorkommen in Deutschland (Idar-Oberstein), Frankreich (Auvergne), Korea, den USA, Mexiko usw. bekannt.

Citrin ist die gelbe Varietät von Quarz, er wird in Brasilien, Madagaskar, Spanien und Großbritannien gefunden.

Rauchquarz ist die braune Varietät, er wird in Brasilien, Madagaskar, Rußland usw. gewonnen. Zum Teil enthält er Einschlüsse in Form von Rutil- oder Turmalinnadeln.

Rosenquarz kommt gelegentlich, äußerst selten, makrokristallin vor, z. B. in Drusen von Pegmatiten in Brasilien, meist ist er als derber Gangquarz bekannt und wird in Brasilien, Südafrika und Indien gefördert.

Achat (Name von Achates, einem kleinen Flüßchen in Sizilien) ist ein Sammelbegriff. Er kommt in Mandeln in vulkanischen Gesteinen in Brasilien, Uruguay, Indien, Marokko, Madagaskar und Deutschland (z. B. Idar-Oberstein) vor.

Eine Abbildung zeigt interessante Einschlüsse in Form von Dendriten (wie organische Reste anmutend, in Wirklichkeit anorganische Eisen-Mangan-Verbindungen).

Chrysopras ist seit Jahrhunderten in Schlesien bekannt und wurde besonders von Friedrich dem Großen zum Schmücken seiner Schlösser verwendet. Neuerdings sind große Mengen Chrysopras in Queensland in Australien gefunden worden.

Spinell (Name von spinos = Funke) ist ein Magnesium-Aluminium-Oxid, kristallisiert kubisch und tritt in sehr vielen verschiedenen Farben auf. Zum

Teil kommt Spinell zusammen mit Korund in Ceylon, Burma und Indien vor.

Taaffeit und *Zinkit* haben unter den Oxiden keine kommerzielle Bedeutung.

V. a) Bei den **Carbonaten** sind *Aragonit, Azurit, Calcit* und *Cerussit* als Edelsteine unbedeutend. Wichtiger ist *Malachit* (ein Kupferhydroxidcarbonat), das meist als grüne Verwitterungsbildung auf Kupfererzlagerstätten auftritt und besonders im Ural und in Katanga vorkommt. Es werden daraus vor allem kunstgewerbliche Gegenstände hergestellt.

Rhodochrosit oder Himbeerspat (Mangancarbonat) ist blaß bis „himbeerrot" und wird in Argentinien in großen Mengen gefunden.

Magnesit, Siderit und *Smithsonit* (Zinkspat) sind nur für Sammler von Interesse.

Das gleiche gilt für b) die **Borate** *Hambergit, Rhodizit, Sinhalit* und *Ulexit* und

VI. das **Wolframat** *Scheelit* und das **Sulfat** *Baryt.*

VII. Auch bei den **Phosphaten** sind die meisten, wie *Amblygonit, Apatit, Beryllonit, Brasilianit, Lazulith* und *Variscit,* unbedeutend.

Lediglich der *Türkis* ist wirtschaftlich wichtig. Chemisch ist er ein Kupferphosphat, am beliebtesten blau, oft auch grün, häufig mit dunklen Adern in Form von sogenannter Türkismatrix. Die schönsten Türkise stammen aus dem Iran, außerdem kommen sie in China, den USA, auf der Halbinsel Sinai usw. vor. Nach der Zahl der Mineralarten gehören die meisten Edelsteine zu der Klasse

VIII. **Silikate.** Unter den *Amphibolen* spielt der Rhodonit, ein Mangansilikat, eine gewisse Rolle. Er wird in großer Menge in undurchsichtigen roten bis violetten Farben, z. T. mit braunen und schwar-

Turmalin, roh und geschliffen

← Citrin

zen Adern, in Australien gefunden und vielfach zu kunstgewerblichen Gegenständen verarbeitet.

Andalusit mit Chiastolith, *Apophyllit, Axinit* und *Benitoit* interessieren nur den Sammler. Dagegen ist

Beryll wohl die bedeutendste Mineralart der Silikate unter den Edelsteinen. Chemisch ein Beryllium-Aluminium-Silikat (hexagonal kristallisierend), kommt Beryll grün (durch Chrom gefärbt) in der Varietät Smaragd, blau als Aquamarin, rosa als Morganit, gelbgrün als Heliodor, goldgelb als Goldberyll und farblos als Goshenit vor. Primär stammen die meisten Berylle aus Pegmatiten in Brasilien (Minas Geraes, Ceara und Bahia), Madagaskar, Rhodesien, Mozambique, Südwestafrika, USA und Rußland. Der Smaragd ist kontaktmetamorpher Bildung, er kommt besonders schön aus Kolumbien (Muzo, Chivor usw.), wo er in dunklen Schiefertonen der Kreide in Form von Gängen auftritt. Andere Vorkommen sind meist an Glimmerschiefer gebunden, z. B. in Rußland (Tokowaja im Ural), Rhodesien (Sandawana usw.), Brasilien, Pakistan, Indien.

Chrysokoll, Cordierit, Cyanit, Danburit, Datolith, Dioptas, Dumortierit, Ekanit, Epidot und *Euklas* sind als Edelsteine von untergeordneter Bedeutung.

Die *Feldspäte* (die am meisten verbreitete Mineralfamilie überhaupt) sind Kalium-, Natrium- und Calzium-Aluminium-Silikate verschiedener Mischbarkeit. Ein Kalifeldspat ist der Mondstein, auch Adular genannt (adularisieren), der in Ceylon und Indien gefunden wird.

Ein anderer Kalifeldspat, der Mikroklin, kommt als grün-bläulicher Amazonit aus Brasilien, Indien und Mozambique.

Zu den Kalknatronfeldspäten gehört der Labradorit, der dem Effekt des Labradorisierens den Na-

Spodumen
Spodumen
Spodumen

men gegeben hat. Er kommt aus Kanada und aus Finnland (häufig auch als Spektrolith bezeichnet).

Die *Granate* (Name von granum = Korn) sind Silikate mit Calcium, Magnesium, Eisen, Mangan, Aluminium, Chrom und Titan in wechselnden Mengen. Sie kristallisieren kubisch, häufig als Rhombendodekaeder und kommen in allen Nuancen von Rot, Violett, Gelb, Braun und Grün vor. Varietäten sind Pyrop, Almandin, Andradit, Grossular, Spessartin, Demantoid, Uwarowit. Sie sind meist metamorpher oder kontaktmetamorpher Entstehung und kommen in Glimmerschiefern, Amphibolithen und Gneisen vor. Sie sind besonders aus Böhmen, Madagaskar, Indien, der Südafrikanischen Union, Rhodesien, Mozambique und Brasilien bekannt.

Hauyn, Kornerupin und *Klinozoisit* sind wenig bekannte Edelsteine, während

Lapislazuli schon seit langem ein sehr geschätztes Edelsteinmineral darstellt. Chemisch ein Natrium-Aluminium-Silikat mit Natriumsulfidgehalt, kristallisiert er kubisch, aber Makrokristalle sind äußerst selten, meist bildet er ein feinkörniges Aggregat. Der wertvollste Lapislazuli wird in Afghanistan gefördert. Weitere Vorkommen sind in Rußland (Baikalsee) und Chile.

Nephrit ist ebenfalls ein Aggregat, und zwar chemisch Natrium-Aluminium-Silikat. Vorkommen sind in Schlesien (Jordansmühle) und vor allem in Neuseeland. Nephrit wird meist für kunstgewerbliche Zwecke verwendet.

Olivin, ein Eisen-Magnesium-Silikat, ist ein wichtiges gesteinsbildendes Mineral und als solches sehr häufig. Edelsteinqualität dagegen ist sehr selten. Die wichtigsten Vorkommen sind aus dem Roten Meer von der Insel St. Johns bekannt, weitere aus Burma und den USA.

Phenakit und *Prehnit* sind unbedeutend, von den

← Bernstein mit Einschluß

Koralle

Pyroxenen treten Diopsid und Enstatit-Hypersthen ebenfalls als Edelsteine nicht in Erscheinung.

Der wertvollste Vertreter der Pyroxene ist der *Jadeit,* der in bester Qualität aus Oberburma stammt und heute ungeahnte Preise erzielt.

Auch der Spodumen, ein Lithium-Aluminium-Silikat, gehört zu den Pyroxenen und besitzt die Varietäten Kunzit (violett) und Hiddenit (durch Chrom grün gefärbt). Vorkommen sind in den USA, in Madagaskar und vor allem in Brasilien.

Serpentin ist ein Ornamentstein, *Sillimanit, Skapolith, Sodalith, Staurolith* und *Titanit* sind als Edelsteine unbedeutend, *Topas,* ein Aluminium-Fluoro-Hydroxi-Silikat, das rhombisch kristallisiert, ist gelb, braun, blau, farblos, grünlich und rosa. Er entsteht im pneumatolytischen Bereich und kommt in Brasilien, Rhodesien, Mexiko usw. vor.

Turmalin ist ein kompliziert zusammengesetztes borhaltiges Aluminiumsilikat — kristallisiert trigonal — und tritt in den allerverschiedensten Farben auf, die z. T. Varietätsnamen haben, z. B. rot: Rubellit, blau: Indigolith, schwarz: Schörl, grün: Verdelith, farblos: Achroit. Turmalin ist ein typisches Pegmatitmineral. Er kommt in Brasilien, Südwestafrika, Rhodesien, Madagaskar, Mozambique, USA und in vielen anderen Ländern vor.

Vesuvian und *Willemit* sind unbedeutend.

Zirkon ist ein Zirkoniumsilikat, kristallisiert tetragonal und kommt meist bräunlich vor. Durch Erhitzen werden die verschiedensten Farbtöne, meist irreversibel, hervorgerufen. Die wichtigsten Vorkommen sind in Thailand und Ceylon, daneben Tanzania usw.

Zoisit, ein Calzium-Aluminium-Hydroxi-Silikat, das orthorombisch kristallisiert, ist bis vor kurzem (1967) nur durchscheinend bekannt gewesen, und

zwar im Edelsteinhandel im Muttergestein des Rubins aus Tanzania. Nun werden aber wunderschöne trichroitische Zoisite ebenfalls in Tanzania gefunden, deren blauer Farbton fast an den von Kaschmir-Saphiren herankommt und die evtl. den Varietätsnamen Tansanit erhalten sollen.

IX. Von den **organischen Verbindungen** ist nur der *Bernstein* (Name von börnen = brennen) zu erwähnen, chemisch ein Kohlenwasserstoff, ein fossiles Harz, das rund um die Ostsee (speziell in Ostpreußen) anzutreffen ist.

B. Andere Edelsteine (Nichtminerale)

Als **Edelsteine,** die Nichtminerale sind, kennen wir u. a. Obsidian (ein vulkanisches Glas), Gagat (eine Kohlenart), Tektite (meteorische Gläser, z. B. Moldawit), verkieseltes Holz, *Korallen, Perlen* u. a.

Tierische organische Bildungen stellen z. B. die **Korallen** dar, die aus horniger, kieseliger oder kalkiger Substanz bestehen können. Edelsteinkundlich interessant ist lediglich die Edelkoralle (Corallium rubrum), die besonders im Mittelmeer gedeiht. Sie gehört zu den Oktokorallen, den Korallen mit acht Fangarmen, und besitzt ein solides Kalkgerüst, das sehr stark verästelt ist. Sie sind rot, weiß und schwarz und werden schon seit Jahrhunderten als Amulette, Talismane und natürlich auch für Schmuckzwecke verwendet.

Am wichtigsten unter den Nichtmineralen sind die Perlen.

Perlen

Die **Perle** besteht zu 92 Prozent aus Kalziumcarbonat, der Rest aus organischer Substanz und Wasser. Sie entsteht in vielen Mollusken (Weichtieren), besonders den Muscheln, als Reaktion auf einen Reiz, z. B. eingedrungene Fremdkörper oder sich lösende Teilchen der Schale. Die Muschel bildet mit ihrem sogenannten Mantel Perlmutter und Conchyn in konzentrischen Schalen um den Fremdkörper bzw. das Irritationszentrum herum und damit die Perle.

Gelegentlich verwachsen Schale und Perle, dann spricht man von *Schalenperlen* oder *Blisterperlen.*

Sowohl Meeresmuscheln als auch Süßwassermuscheln können Perlen enthalten, aber nicht jede Perlmuschel, sondern nur etwa jede vierzigste, besitzt meist eine, gelegentlich aber auch mehrere Perlen.

Für die Bewertung der Perlen spielen neben Größe und Form optische Erscheinungen eine Rolle, die man als Perlenglanz, Schmelz oder Lüster bezeichnet.

Natürliche Perlen werden nach Gewicht gehandelt, und zwar nach Grän, einer Einheit, die 50 mg, d. h. also $^1/_4$ Karat, entspricht.

Eine Abbildung zeigt verschiedene Formen von Perlen. Ideal ist allseitig rund, doch werden auch andere Formen geschätzt, tropfen- oder birnförmige, besonders dann, wenn sie paarweise vorkommen. Der Perlenhandel kennt die verschiedensten Bezeichnungen für Perlen. Halbrunde, einseitig flache Perlen werden Boutonperlen genannt, tropfenförmige Birnenperlen, Tropfenperlen, Glockenperlen, Pendelaugen, langgestreckte Formen sind sogenannte Flügelperlen.

Die kleinsten Perlen nennt man Staubperlen oder „seed pearls", mittlere Lotperlen und größere Zahlperlen.

Die marinen Perlen entstehen vorwiegend in warmen Meeresbereichen. Die wichtigsten Gebiete der Perlenfischerei waren und sind zum Teil heute noch: der Persische Golf, Ceylon (heute kaum noch, aber die Perlen dieses Bereichs haben besonderen Schmelz und zarten, hellen Schimmer und sind als „Orientperlen" zum Begriff der Naturperle überhaupt geworden), Australien, die Südseeinseln sowie die pazifische und atlantische Küste Südamerikas (besonders Venezuela). Kleine Perlen kommen auch in Japan vor.

Süßwasserperlen werden in den USA (im Mississippi, Missouri und Hudson) und in mitteleuropäischen Flüssen (z. B. in der Isar) nur mehr vereinzelt gewonnen. Die Flußperlen reichen in der Regel bei weitem nicht an die marinen Perlen heran, sind aber meist farbiger, z. B. silbergrau, bräunlich, violett, rosa und sogar schwarz.

Seit Jahrhunderten sind Perlen Inbegriff von Kostbarkeit und Wert gewesen und stehen den Edelsteinen nahe bzw. werden unter den Nichtmineralen zu den Edelsteinen gerechnet. Sie sind aber nicht so dauerhaft wie die meisten von diesen, da sie durch lange Lagerung allmählich austrocknen können, den Glanz verlieren und sogar langsam zerfallen. Es gibt aber auch viele Perlen, die viele Jahrhunderte alt sind und an Schönheit nichts eingebüßt haben. Die ältesten sollen im Museum von Heraklion auf Kreta angeblich zweitausend Jahre alt sein.

Auch Perlen werden bearbeitet, sie werden z. B. gebohrt, um zu Kolliers aufgereiht werden zu können. Sie werden aber auch gesägt, zu sogenannten Halbperlen.

Zuchtperlen

Schon vor Jahrhunderten war es den Chinesen gelungen, durch menschliche Manipulation in Süßwassermuscheln Perlen zu produzieren. Sie werteten aber ihren Erfolg nicht aus, von dem Ende des vergangenen Jahrhunderts der Japaner Kochiki Mikimoto erfuhr. Ihm gelang es, in riesigem Ausmaß Perlen zu züchten, damit die Zuchtperlenindustrie zu begründen und selbst als japanischer Perlenkönig in die Geschichte einzugehen.

In wirtschaftlichem Maße brachte er seine sogenannten Zuchtperlen nach dem ersten Weltkrieg auf den Markt und hatte zunächst einige Schwierigkeiten, die durch mehrere Prozesse aus dem Wege geräumt wurden, da er ja seine Erzeugnisse nicht als Natur-, sondern als Zuchtperlen anbot. Zunächst war die Unterscheidung noch recht einfach, da Mikimoto in die Perlmuscheln einen Kern als Keim einbrachte, der in genau der gleichen Weise von der Muschel als Fremdkörper betrachtet wurde, wie dies bei Naturperlen der Fall ist. Von dem Mantel wurden Perlmutter und Conchyn konzentrisch schalig um diesen Fremdkörper herum ausgeschieden. Mit Hilfe des Endoskops oder später mit Hilfe von Röntgenstrahlen konnte man deutlich diesen Kern erkennen und damit die Diagnose „Zuchtperle" stellen. Früher zeigte die Röntgenaufnahme direkt den Unterschied zwischen natürlichen und Zuchtperlen. Seitdem es gelang, auch kernlose Perlen zu züchten, ist diese Unterscheidung wesentlich schwieriger, und es bedarf schon ausgezeichneter wissenschaftlich fundierter Methoden, wie der Aktivierungsanalyse und der Bestimmung von Spurenelementen, um eindeutige Diagnosen zu stellen.

Zuchtperlen kann man bisher bis zu 16 Millimeter Durchmesser produzieren, und sie werden in der

Regel auch nach Millimeter Durchmesser bzw. nach Karat gehandelt, in Japan nach „Momme“ *

Zuchtperlen (häufig auch Japanperlen genannt) sind in den Farben Silberweiß, Grau, Rosé, Creme u. a. erhältlich. Gelegentlich werden Zuchtperlen auch schwarz und dunkelgrau gefärbt.

Schätzungen besagen, daß heute die Zuchtperle 99 Prozent Marktanteil am Perlenhandel besitzt.

Pflege der Perlen

Dem zarten Glanz der Perlen, der von ihrem organischen Ursprung herrührt, schaden verschiedene Kosmetika, z. B. Parfüm, Creme und Puder, Seife, Öl und andere Fette, ebenso wie Schweiß und Fett der menschlichen Haut.

Eine Perlenkette sollte ab und zu (vielleicht einmal im Jahr) neu aufgefädelt werden. Perlen sollten immer zwischen Watteschichten aufbewahrt werden und nie zusammen mit anderem Schmuck und anderen Steinen, da diese in der Regel wesentlich härter sind.

Nachahmungen und Unterscheidungsmöglichkeiten

Edelsteine und Perlen als besonders begehrte und wertvolle Objekte regten auch schon frühzeitig zur Nachahmung an. Zunächst erfolgten diese Nachahmungen sehr primitiv mit Hilfe von Glas, anschließend mit Hilfe von Doubletten.

Seit Ende des vergangenen Jahrhunderts ist es jedoch gelungen, zuerst eine, dann mehrere Mineralarten auf künstlichem Wege herzustellen. Man

* 1 Momme = 18,75 Karat = 3,75 Gramm.

hat diese künstlichen Produkte zunächst „synthetische Edelsteine", später „synthetische Steine" genannt. Zum Teil sind sie aus Schmelzen in Form von Schmelzbirnen entstanden (z. B. Korund, Spinell, Rutil); dann ist es einfach, diese äußerlich nicht als Kristalle erkennbaren rohen Birnen von den schönen Kristallformen der rohen natürlichen Edelsteine zu unterscheiden. Im bearbeiteten Zustand ist es schon etwas schwieriger.

Man hat aber auch sehr schöne Kristalle synthetisch hergestellt, z. B. Smaragd, hierbei ist auch die Unterscheidung der synthetischen und natürlichen Kristalle schon etwas schwieriger, aber es ist trotzdem für den Fachmann ohne weiteres möglich, die natürlichen und synthetischen Smaragde voneinander zu unterscheiden. Die Edelsteinkunde hat verschiedene Möglichkeiten der raschen und sicheren Unterscheidung zwischen natürlichen und synthetischen Edelsteinen entwickelt, die zu erläutern in diesem Rahmen zu weit führen würde. Mit Refraktometer (Gerät zur Messung der Lichtbrechungsindizes) und Mikroskop (zur Bestimmung der Einschlüsse) kann man in der Regel bei der Untersuchung auskommen.

Bewertung

Die Bewertung der Edelsteine wird nach verschiedenen Gesichtspunkten durchgeführt. Im allgemeinen wird ein Wert pro Gewichtseinheit festgestellt nach

Farbe und Farbintensität (bzw. Farboptimum) oder Farblosigkeit,

nach Reinheit (Freiheit oder Anzahl und Art der Einschlüsse),

nach Größe, Schliff und Seltenheit.

Bei den wertvolleren Edelsteinen verwendet man als Gewichtseinheit das Karat, bei den Perlen das Grain.

Das dabei heute allein maßgebliche „metrische Karat" entspricht 0,2 Gramm = 200 Milligramm, also $^1/_5$ Gramm. Früher hatte man verschiedene Karate (z. B. Florenzer Karat = 197,2 mg, Leipziger 205,0, Berliner 205,44, Pariser Karat 205,5, Madras 207,353 und Livorno 215,99 mg), die die schwankenden Gewichtsangaben historischer Edelsteine, besonders historischer Diamanten, bedingen.

Der Name Karat kommt nach verschiedenen Autoren von dem lateinischen Namen des Johannisbrotbaums „Keratonia Siliqua", dessen Samen früher zum Wiegen benutzt wurden und die im Durchschnitt 197 Milligramm wiegen. Nach anderer Darstellung soll der Name von einem afrikanischen Schotengewächs stammen (Erythrina abessinica bzw. corallodendron), das von den Eingeborenen Kuara genannt wird und dessen Früchte ebenfalls ein sehr konstantes Gewicht haben und zum Wiegen des Goldes benutzt worden sind.

1907 wurde das metrische Karat von 200 Milligramm vom „Comité International des Poids et Mesures" in Paris vorgeschlagen und nach und nach in den einzelnen Ländern eingeführt.

Die Gewichtseinheit der Perlen, das Grain oder Grän oder Gran, wird von granum = Korn abgeleitet und beträgt $^1/_4$ Karat = 50 Milligramm.

Als Beispiel für die Bewertung soll der Diamant angeführt werden, da bei ihm internationale Normen herrschen, die Farbe, Reinheit, Schliff und Größe berücksichtigen.

Bei der Farbe ist am geschätztesten absolute Farblosigkeit bzw. ein leichter, kaum wahrnehmbarer Stich ins Blauweiß. Eine internationale Farbskala (teilweise nach Minen benannt) gibt gleichzeitig die „Wertabweichung" in Prozenten an:

Internationale Bezeichnung	Deutsche Entsprechung		Definition
River Top Wesselton Wesselton Top Crystal	Blauweiß feines Weiß Weiß schwach getöntes Weiß	100% ca. 95% ca. 90% ca. 85%	Diamanten dieser Farbgrade erscheinen dem durchschnittlich geübten Auge als farblos.
Crystal Top Cape (Silver Cape)	getöntes Weiß schwach gelblich	ca. 77% ca. 65%	Kleine Diamanten dieser Farbgrade erscheinen dem durchschnittlich geübten Auge als farblos. Größere (etwa über 0,2 ct) zeigen die Spur einer gelblichen oder bräunlichen Färbung.
Cape Yellow	Gelblich Gelb (Braun)	ca. 45—35% weniger als 40%	Diamanten dieser Farbgrade erscheinen dem durchschnittlich geübten Auge als mit einer Färbung zunehmender Intensität behaftet.

Gelbe und braune Farbtöne werden nicht sehr geschätzt, dagegen werden sogenannte Phantasiefarben wie Rosa usw. sehr hoch bewertet.

Auch für die Reinheit ist eine internationale Skala entwickelt worden, die sich auf die zehnfache aplanatische und achromatische Lupe bezieht:

	lupenrein	100%
vvsi	(very, very slightly imperfect) sehr, sehr leicht fehlerhaft, „geringer Fehler", sehr schwer mit der Standardlupe zu sehen	90%
vsi	sehr leicht fehlerhaft, wenige sehr kleine Einschlüsse, aber noch schwierig zu erkennen	75%
si	leicht fehlerhaft, einige kleine Einschlüsse, mit der Lupe leicht zu finden	65%

Imperfect Piqué 1, 2 und 3: Bei 1: Mit Lupe sofort erkennbare Einschlüsse, die aber die Brillanz nicht stören. Bei 2: Zahlreiche größere Einschlüsse, die von bloßem Auge erkannt werden. Bei 3: Große, mit bloßem Auge leicht erkennbare Einschlüsse.

Neben Farbe und Reinheit spielt der Schliff für die Bewertung des Diamanten eine Rolle. Wie schon vorher ausgeführt, wird durch den Idealvollbrillantschliff ein Maximum an Effekt erzielt. Daher gilt es, bei jedem davon abweichenden rund geschliffenen Diamanten zu berechnen, welcher Gewichtsverlust durch das Umschleifen eintritt, welche Preiserniedrigung pro Gewichtseinheit (also pro Karat) durch die Verkleinerung (s. folgenden Absatz) hervorgerufen wird und schließlich, was das Umschleifen an Arbeitslohn kostet.

Da der Prozentsatz an großen Diamanten relativ klein ist, war schon von jeher der Preis in gewisser Relation zur Größe, z. B. wurde im 17. Jahrhundert der Preis pro Karat für einen einkarätigen Stein ermittelt und dann für alle größeren Steine das Quadrat des Gewichts mit diesem Einheitspreis multipliziert. Kostete also beispielsweise ein Einkaräter 100 Thaler, so kostete ein Zweikaräter 2x2x100 = 400 Thaler, ein Dreikaräter 3x3x100 = 900 Thaler usw.

Bei farbigen Edelsteinen sind für die Bewertung vor allem die Farbe, Farbton und Farbintensität von Bedeutung.

Bei Rubinen, Saphiren und Smaragden ist jeweils nicht unbedingt das Maximum an Farbintensität am geschätztesten, sondern ein bestimmtes Optimum. Bei ihnen spielt auch die Reinheit, die Freiheit von Einschlüssen nicht die gleiche Rolle wie etwa beim Diamanten. Lediglich starke Trübungen oder störende Einschlüsse führen zu einer starken Preisherabsetzung, absolute Reinheit ist äußerst selten.

Bei anderen farbigen Edelsteinen ist in manchen Fällen das Maximum an Farbe sehr geschätzt, in den weitaus meisten Fällen aber ebenfalls das Optimum. Im Augenblick ist auch bei diesen (zuvor nicht genannten) Farbsteinen (so nennt man die farbigen Edelsteine zusammenfassend) die Reinheit ein sehr hoch bewerteter Faktor.

Auch der Schliff und die Größe spielen eine Rolle, aber nicht in so starkem Maße wie beim Diamanten.

Bei Turmalin beispielsweise ist nicht die absolute Größe maßgebend, sondern die Breite, und zwar deswegen, weil Turmalin meist in dünnen Nadeln kristallisiert und die dickeren Stücke sehr viel seltener sind.

Bei Amethyst beispielsweise wird ein rechteckiger Stein relativ teurer pro Gewichtseinheit bewertet als ein ovaler oder ein antiker, da sehr viel mehr Rohstoff (größere Ausgangsmaterialien) verwendet werden muß.

„Was muß man beim Einkauf von Edelsteinen beachten?"

und

„Zu welchem Edelstein würden Sie mir raten?"

Das sind zwei Fragen, die in der Praxis häufig gestellt werden und denen daher in diesem Zusammenhang nicht ausgewichen werden soll.

Die erste Frage ist eine fachlich-objektive, die zweite eine sehr subjektive.

Was die erste Frage angeht, so sollte man auf zweierlei achten:

1. Daß der Edelstein, den man kauft, auch wirklich das ist, als was er angeboten wird, d. h. beispielsweise ein natürlicher Rubin oder ein natürlicher Smaragd bzw. ein synthetischer Saphir. Es muß also das *Material* genau *bestimmt* sein, die Benennung den RAL-Vorschriften entsprechen.

2. Der betreffende Edelstein muß auch hinsichtlich seines Wertes im Rahmen eines gewissen Schwankungsbereiches liegen, d. h. die Beurteilung des Wertes muß auf Grund bestimmter Qualitätsmerkmale durchgeführt werden. Im Kapitel Bewertung wurde dies für Diamanten (z. B. durch Farbe, Reinheit, Größe und Schliff) dargelegt und ist sinngemäß für viele andere Edelsteine anzuwenden.

Da der Käufer im allgemeinen ein Laie in der Edelsteinkunde und überhaupt in der Edelsteinbranche ist, wird es für ihn sehr schwer, wenn nicht unmöglich sein, von sich aus die Identität des Steines zu kontrollieren. Ebenso wird es für ihn sehr schwierig sein, den Wert zu beurteilen. Daher wird er am besten zu einem renommierten Fachmann gehen und sich beraten lassen.

Wenn er aber dieses oder ein anderes Büchlein von Edelsteinen gelesen hat, sollte er fürs erste in dem Abschnitt über Nachahmungen und Unterscheidungsmöglichkeiten wie auch allgemein unter den Merkmalen sich genügend informiert haben, um dem Verkäufer Fragen stellen zu können, z. B. über die chemisch-physikalischen Daten des betreffenden Steines. Auch kann er sich mit Refraktometer und Mikroskop zeigen lassen, ob die genannten Daten stimmen. Eine Garantie ist die nach RAL-Vorschriften auf der Rechnung eingetragene Bezeichnung des gekauften Steines, die naturwissenschaftlich exakt zu überprüfen ist.

Auch für die Bewertung gibt es gewisse Normen, z. B. beim Diamanten: Farbe, Reinheit, Größe und Schliff, die in ihrer Kombination den Wert festlegen. Man könnte sich beim Diamanten die sogenannte Graduierung auf der Rechnung eintragen lassen. Auch für die übrigen Edelsteine spielen Farbe und Farbintensität sowie Farbton, Reinheit und Größe neben dem Schliff eine Rolle für die Bewertung.

Die zweite Frage „Zu welchem Stein würden Sie mir raten?" ist weitaus schwieriger zu beantworten, dabei kommt es

a) auf den Zweck des Einkaufs (Wertanlage, Geschenk usw.),
b) auf die finanziellen Möglichkeiten und
c) auf den Geschmack an.

Der Verkäufer sollte einige Gegenfragen stellen und zwar:

1. Welche Farbe soll der Stein haben?
2. Für welches Schmuckstück soll er sein oder für welchen Zweck?
3. Was darf der Stein kosten?

Durch jede der Antworten wird der Kreis der in Frage kommenden Steine eingeengt, und sobald sich der Käufer über diese Fragen Klarheit verschafft hat, möglichst an Hand eines Sortiments, sollte ihm der Verkäufer einen optimalen Vorschlag für die Kombination der Wünsche machen können.

Wenn nach dieser schwierigen Wahl (gelegentlich sagten auch männliche Käufer: Was ich kaufe, spielt sowieso keine Rolle, meine Frau tauscht es grundsätzlich um!) ein Kauf zustande kommt, fragt oft der Käufer einen anderen Verkäufer: „Was ist dieser Stein wert?" Meist ist die Antwort sehr vage. Man sollte, um einen reellen Wert zu erfahren, die Frage anders formulieren: „Zu welchem Preis könnten Sie mir ein Gegenstück zu diesem Stein liefern?" Man darf natürlich nicht erwarten, daß der Juwelier diesen Preis selbst zahlen würde, denn er muß ja als Geschäftsmann kalkulieren.

Wenn man sich vor Augen hält, daß man sich beim Kauf irgendeines Gebrauchsgegenstandes völlig darüber im klaren ist, daß dieser im Laufe der Zeit immer mehr an Wert einbüßt, dann muß man sagen, daß dies bei Edelsteinen nicht der Fall ist. Ob sie getragen werden oder nicht, sie behalten ihren Wert, ja sie sind in den letzten 20 Jahren ständig im Preis gestiegen.

Viele Menschen sehen im Edelstein rätselhafte Kräfte

Die Planetensteine

I. LICHTER. SONNE Löwe: Chrysoberyll und Diamant. MOND Krebs: Perle, Mondstein, Smaragd
II. MARS. Widder: Rubin, Skorpion: Granat
III. MERKUR. Zwillinge: Edeltopas, Jungfrau: gelber Saphir
IV. JUPITER. Schütze: Saphir und Lapis, Fische: Amethyst
V. VENUS. Waage: Padparadscha, Stier: Hyazinth
VI. SATURN. Wassermann: Aquamarin, Steinbock: Spinell blau

Die Monatssteine

JANUAR:	Granat, Rosaquarz
FEBRUAR:	Amethyst, Onyx
MÄRZ:	Turmalin, Jaspis
APRIL:	Saphir, Diamant, Bergkristall
MAI:	Smaragd, Chrysopras
JUNI:	Perle, Mondstein
JULI:	Rubin, Karneol
AUGUST:	Onyx, Sardonyx
SEPTEMBER:	Peridot
OKTOBER:	Aquamarin, Opal
NOVEMBER:	Topas, Tigerauge
DEZEMBER:	Zirkon, Türkis

Die Tierkreissteine

WIDDER, 21. 3. — 20. 4.: roter Jaspis und indischer Karneol
STIER, 21. 4. — 20. 5.: orange Karneol und Rosenquarz
ZWILLINGE, 21. 5. — 20. 6.: Citrin und Tigerauge
KREBS, 21. 6. — 21. 7.: Chrysopras und Avanturin grau
LÖWE, 21. 7. — 22. 8.: Bergkristall und Goldquarz
JUNGFRAU, 23. 8. — 22. 9.: Citrin und gelber Achat
WAAGE, 23. 9. — 22. 10.: Citrin orange und Rauchquarz
SKORPION, 23. 10. — 21. 11.: Karneol blutrot und Sarder
SCHÜTZE, 22. 11. — 21. 12.: Saphirquarz und Chalcedon
STEINBOCK, 22. 12. — 20. 1.: Onyx und Quarzkatzenauge
WASSERMANN, 21. 1. — 18. 2.: Türkis und Falkenauge
FISCHE, 19. 2. — 20. 3.: Amethyst und Amethystquarz

Nachtrag 1990

Seit der ersten Auflage dieses Büchleins im Jahre 1969 sind eine ganze Reihe neuer Vorkommen von Edelsteinen entdeckt, neue Verfahren zur Herstellung synthetischer Steine entwickelt sowie neue Methoden zur Veränderung der Farbe angewendet worden.

Mit einigen Ergänzungen wird versucht, den Text auf den neuesten Stand zu bringen.

Seite 11: Bei IV., den **physikalischen Merkmalen,** sind neben a) den mechanischen, b) den optischen, c) solche der Elektrik und d) der Thermik anzuführen.

Der elektrische Widerstand und Eigenschaften wie Leiter oder Halbleiter lassen sich als diagnostische Hilfsmittel verwenden. Ebenso können für die Diagnostik Unterschiede in der Wärmeleitfähigkeit herangezogen werden.

Seite 15: 5. Das *Adularisieren,* der blaue Schimmer beim Mondstein, wird durch Beugung und Interferenz des Lichts an entmischten Lamellen (Kalifeldspat und Natriumfeldspat) hervorgerufen. Das Phänomen wird bei Kalifeldspäten und bei Natrium-Calcium-Feldspäten (Plagioklasen) der Zusammensetzung Oligoklas und Andesin beobachtet. Das *Labradorisieren,* das bunte Farbenspiel, besonders des Labradorits, wird ebenfalls durch submikroskopische Verwachsungen von Lamellen verschiedener chemischer Zusammensetzung (Andesin, Labradorit, Bytownit) verursacht.

Der *Katzenaugeneffekt* oder das Chatoyieren wurde auch bei der Varietät Alexandrit der Mineralart Chrysoberyll beobachtet, außerdem bei Beryll (inklusive der Varietät Smaragd), Korund, Granat, Skapolith, Turmalin, Zoisit, Ekanit, Diopsid, Orthopyroxen, Kornerupin, Aktinolith, Zirkon, Peridot, Labradorit, Mondstein u. a.

Sternbildung oder *Asterismus* ist außer bei Korunden

(Rubin und Saphir) bei den Mineralarten Beryll (inklusive der Varietät Smaragd), Granat, Skapolith, Diopsid, Enstatit, Bronzit, Chrysoberyll, Mondstein, Quarz (inklusive Rosenquarz), Spinell u. a. festgestellt worden.

Das Alexandriteffekt genannte Phänomen des *Changierens* wurde inzwischen für einige weitere Mineralarten beschrieben: Korund, Spinell, Granat, Fluorit, Diaspor, Turmalin, Taaffeit, Disthen, Zirkon.

Eine weitere Lichterscheinung ist das *Aventurisieren* (nach par aventure = durch Zufall), das zuerst bei Glas von Murano (in der Nähe von Venedig) beschrieben wurde. Durch Zufall gerieten nämlich Kupferflitterchen in die Glasschmelze, die den sogenannten Goldfluß oder das Aventuringlas kennzeichnen. Ähnliche Erscheinungen erkannte man später auch in der Natur: z. B. beim Sonnenstein, dem Aventurinfeldspat, und beim Aventurinquarz. Im ersteren Falle wird der Effekt durch fein verteilte Hämatittäfelchen, im zweiten durch Fuchsiteinschlüsse hervorgerufen. Das Phänomen wurde auch bei anderen Mineralarten, wie Skapolith und Beryll, beobachtet.

Seite 42: I. **Elemente:** *Diamanten* werden in sehr großen Mengen auch in Australien und in Botswana gefördert.

Seite 43: IV. **Oxide:** *Chrysoberylle* in ihrer wertvollsten Varietät Alexandrit wurden in Tansania, Indien und vor allem an mehreren Fundpunkten in Brasilien entdeckt. Erwähnt sei die größte je bekannt gewordene Alexandritmine bei Hematita in Minas Gerais, in der auch Alexandrit-Katzenaugen auftreten. Vorkommen von Chrysoberyll-Katzenaugen werden auch aus Simbabwe gemeldet.

Seite 46: *Korunde* in ihrer Varietät Rubin wurden kommerziell in erheblichem Umfang in Kenia (Nähe Tsavo-Park) entdeckt, dazu in Hunza/Pakistan, Malawi, Indien, Nepal etc. Saphire kommen aus Nigeria, Malawi, Kenia u. a. Orangefarbige Korunde wurden außer in Sri

Lanka in Tansania und Malawi beobachtet, neben roten und blauen zusammen mit andersfarbigen Korunden (gelbe, grüne, violette).

Quarz in Form seiner Varietät Amethyst wird auch in Namibia und an neuen Fundpunkten in Brasilien gewonnen, darunter Marabá/Pará und Pão d'Arco. Dort kommt er in sehr großen Kristallen und recht einschlußfrei vor.

Seite 47: *Spinelle* wurden in sehr schönen Farben, häufig rot und rosa, in der UdSSR (Pamir) und in Tansania (Umba) gefördert.

Seite 50: V. Unter den **Carbonaten** wurde *Rhodochrosit* in durchsichtigen feinroten und rotbräunlichen Kristallen in der Südafrikanischen Union entdeckt.

Bei VIII., den **Silikaten,** kommen *Berylle* in ihrer Varietät Smaragd zusätzlich zu den erwähnten Lokalitäten aus Tansania (Lake Manyara), Madagaskar, Sambia (mehrere sehr produktive Minen) und von neuen Fundpunkten in Brasilien, wo auch Smaragd-Katzenaugen beobachtet wurden, dazu aus Nigeria.

Die Varietät Aquamarin wurde für Nigeria und Sambia zu einem kommerziell wichtigen Edelstein.

Seite 54: Bei den *Granaten* wurden die bisher nur durchscheinend grün bekannten Grossulare durchsichtig in Tansania und Kenia gefunden. Vanadium und Chrom verleihen ihnen smaragdähnliche Farben. Sie werden wegen des Vorkommens in der Nähe des Tsavo-Nationalparks Tsavolithe genannt.

Ostafrika ist auch Fundgebiet von farbchangierenden Granaten, d. h. Granaten mit dem Alexandriteffekt (von grün, grünblau oder blau im Tageslicht nach rot, rötlich oder violett im Kunstlicht).

Ebenfalls in Ostafrika wurden Granatmischkristalle beobachtet, die sich aus Pyrop, Almandin und Spessartin zusammensetzen und deshalb mineralogisch-petrographisch als Pyralspite bezeichnet werden. Lokal werden die Steine als Malaya-Granate gehandelt. Eine schöne rotorange Farbe zeichnet diese auch als „Umbalithe“ ausgegebenen Granate aus.

Seite 55: Unter den *Pyroxenen* ist der Spodumen (besonders in seiner Varietät *Kunzit*) aus Pakistan und Afghanistan in z. T. riesigen Exemplaren auf den Markt gelangt.

Topas wird in farbloser und blauer Ausbildung in großen Mengen in Nigeria und Sri Lanka gefördert, in natürlicher rosaroter Farbe in Pakistan.

Durch Bestrahlen entstehen in farblosen Topasen braune und blaue Farbzentren.

Turmaline wurden als Chrom- und Vanadiumturmaline, z. T. in smaragdgrüner Farbe, in Ostafrika entdeckt, ebenso Exemplare, die das Changieren oder den Alexandriteffekt besitzen.

Gelbe Manganturmaline (Tsilaisit) stammen aus Sambia, von wo auch andersfarbige Turmaline kommen, ebenso aus Nigeria, Nepal, Afghanistan u. a.

Leuchtend blaue Turmaline (mit Kupfer und Mangan) wurden 1988 in Brasilien (Paraiba) erschlossen.

Bei *Zirkonen* ist schon lange Kambodscha als Fundland bekannt, von wo aber leider z. Zt. nichts geliefert wird. Aus Sri Lanka kommen Zirkon-Katzenaugen, von denen man inzwischen weiß, daß der Effekt durch Erhitzen hervorgerufen wird.

Seite 57: Organische Verbindungen. Bernstein kommt auch aus der Dominikanischen Republik.

Seite 61/62: Nachahmungen. Synthetische Steine und künstliche Produkte (bisher ohne natürliches Vorbild) werden nach dem Schmelztropf-, Zieh-, Schmelzdiffusions-, Schmelzlösungs-, Zonenschmelz- und Hydrothermalverfahren hergestellt. Synthetische Korunde (Rubine und andere Farben), synthetische Spinelle diverser Farben, synthetische Smaragde, synthetische Alexandrite, synthetische Quarze (Amethyste und Citrine) sowie Imitationen von Opal, Türkis, Lapislazuli, Koralle etc. sind bekannt.

Synthetische Diamanten werden im Hochdruck-Hochtemperatur-Verfahren produziert, z. Zt. vor allem für technische Zwecke. Diamantimitationen werden in Form von künstlichen Produkten wie YAG, KSZ (kubisch stabilisiertes Zirkonia), Strontiumtitanat etc. angeboten.

Zum Teil verwendete Fachliteratur:

Anderson, B. W.: Gem Testing, 9th ed., London 1980.

Bank, H.: Aus der Welt der Edelsteine, 3. Aufl., Innsbruck 1981.

Bauer, M. und Schloßmacher, K.: Edelsteinkunde, 3. Aufl., Leipzig 1932.

Chudoba, K. F. und Gübelin, E. J.: Edelsteinkundliches Handbuch, 2. Aufl., Bonn 1966.

Eppler, W. F.: Praktische Gemmologie, 2. Aufl., Stuttgart 1984.

Fischer, W.: Praktische Edelsteinkunde, Kettwig 1953.

Gübelin, E. und Koivulc, J.: Bildatlas der Einschlüsse in Edelsteinen, Zürich 1986.

Hahn, M.: Edelsteinkunde leichtgemacht, Idar-Oberstein 1966.

Hahn, M. und Bank, H.: Edelsteinkunde, 11. Aufl., Idar-Oberstein 1986.

Holstein-Koch: Die Seele der Edelsteine, Leipzig 1934.

Horn, E.: Perlen, Gold und Edelsteine, München 1965.

Klockmann-Ramdohr-Strunz: Lehrbuch der Mineralogie, 16. Aufl., Stuttgart 1978.

Ladurner, J. und Purtscheller, F.: Mein kleines Mineralienbuch, Innsbruck 1968.

Liddicoat, R. T.: Handbook of Gem Identification, 12th ed., Los Angeles 1989.

Liddicoat, R. T. u. a.: The Diamond Dictionary, Los Angeles 1960.

Schloßmacher, K.: Edelsteine und Perlen, 4. Aufl., Stuttgart 1969.

Smith, H. G. F.: Gemstones, London 1962.

Webster, R.: Gems, Their Sources, Descriptions and Identification, London 1962.

Webster, R. und Anderson, B. W.: Gems, Their Sources, Descriptions and Identification, 4th ed., London 1983.

Wild, G. O.: Praktikum der Edelsteinkunde, 4. Aufl., Stuttgart 1936.

RAL-Vereinbarung 560.

In der Reihe der PINGUIN-GESCHENKTASCHENBÜCHER sind weiters erschienen:

Alpenblumen
Die schönsten Alpenblumen
– englisch
Das kleine Alpenbuch
Alpenhäuser und ihre Einrichtung
Die schönsten Alpensagen
Bauernmöbel in den Alpen
– englisch
Beeren, Wildobst, Wildgemüse
Bergpoesie
Das Beste aus Österreichs Küche
– englisch
Das Beste aus Frankreichs Küche
Mein kleines Diamantenbuch
Drinks mit und ohne Alkohol
Von Edelsteinen und Perlen
Erzählungen aus den Alpen
Sei fit, Bewegung ist Gesundheit
Mein kleines Fossilienbuch
Gesund durch Autogenes Training
Gesund durch Gewürze
Gesund und schlank
Das kleine Buch vom Gold
Großglockner, Berg und Straße
Haflinger-Pferde
Heilkräuter für Gesunde und Kranke
In Liebe
Das kleine Buch vom Kaffee
Das kleine Käferbuch
Das kleine Buch vom Käse
Kneippen für Körper und Seele
Lebensweisheiten
Mein kleines Lilienbuch
Lipizzaner und Spanische Reitschule
– englisch
Mein kleines Mineralienbuch
– englisch
Partytips für Sie und Ihn
Das kleine Pilzbuch
Sagen aus den Dolomiten
Die schönsten Sagen Österreichs
Saucen für Feinschmecker
Mein kleines Schmetterlingsbuch
– englisch
Schmiedeeisen
Das kleine Buch vom Silber
Das kleine Buch vom Skilauf
Sternzeichen-Charaktere
Sternzeichenreihe
Das kleine Buch vom Tee
Tiere der Alpen
Österreichs Trachtenbüchlein
Mein kleines Vogelbuch I (Heimische Vögel im Garten)
Volkskunst der Alpenländer
Das kleine Buch vom Wein
Wiesenblumen
Zauber der Natur